처음 경험하는
정말 외워지는 영단어

책의 가운데에 갈라진 틈을 손바닥으로 누르면 쫙 펴집니다.

화살표 끝 부분이 모두 보이도록 세게 누르세요.

PUR제본이라, 마치 스프링제본(천 원)처럼, **넓고 편하게 펼쳐서 볼 수 있습니다.** 펼쳐도 뜯어지지 않습니다.

마이클리시의 <난생처음 끝까지본> 시리즈와 <자동 암기 영어단어> 시리즈는 PUR로 제본하였습니다.

자동암기 초등 영단어 500

단어 책 20장 보신 분?

'영단어 책' 보는 것을 추천하지 않았습니다. 왜냐하면 영어 잘하는 사람 중에 단어책으로 익힌 사람은 20명 중 한 명 정도로 드물기 때문입니다.

기존의 단어책은 '단어만 나열'했을 뿐입니다. 주제별/빈도별로 나누고, 예문과 관련 문제는 있지만 '어떻게 외워야 할지'에 대한 내용은 없습니다. 그래서 '암기'가 안됩니다. 드물게 '암기 방법'이 있는 책은 그 내용이 억지스럽고, 어원/어근은 너무 많아 단어보다 암기하기 어렵습니다.

기존의 단어책은 '학원 수업용'으로 만들어졌습니다. 스스로의 힘으로 단어장을 끝까지 보는 것은 불가능합니다. 눈은 단어를 보지만 머리는 다른 생각을 합니다. 그리고 외워질 만큼 반복하기에는 너무 많은 의지력과 시간이 필요합니다. 대부분 10장도 못 읽고 포기합니다.

제 아이들은 그렇게 가르치기 싫어서, 훨씬 적은 노력으로 암기할 수 있도록 '음악 연상'을 개발했습니다. 현재 특허 출원 중에 있습니다(출원번호 10-2025-0046862). '자동암기'라고 할 만큼 기존의 어떤 방식보다 4배~10배 빠르게 단어가 외워지는 기적을 경험하실 것입니다.

단어책이란, 단어가 정말 외워지면 100만 원도 저렴하고, 외워지지 않으면 시간 낭비이므로 1,000원도 아깝습니다. 다른 방법은 50배의 시간과 노력(원서 읽기 등), 100배의 돈(학원/유학 등)을 들여야 합니다. 만약 1시간 이상 이 책을 봤는데 단어가 외워지지 않으면 환불해 드립니다. 010-4718-1329, iminia@naver.com으로 꼭 연락 주세요.

다음 곡이 들린다!

일주일 정도 여러 곡을 순서대로 반복해서 들으면, 한 곡이 끝나고 다음 곡이 시작하기 전, 이미 머릿속에는 다음 곡이 맴돕니다. 그 이유는 뇌가 다음 곡을 예측하기 때문입니다. (2009년 2월 Journal of Neuroscience, 조지타운 의학 대학교, 논문 주소: bit.ly/46kdgd)

마찬가지로, 한 곡이 끝날 즈음 영어 단어를, 다음 곡의 시작에 한글 뜻을 들려주면, 뇌는 한글 뜻을 예측하므로 자동 암기가 됩니다. 3~20번 들으면, 곡이 끝날 무렵 한글 뜻(또는 영어 단어)이 생각납니다.

처음에는 5~10번 반복해야 하지만, 익숙해지면 4번 내외에 암기할 수 있습니다. 사람마다 외워지는 반복 횟수는 다르지만, 듣기만 하면 누구나 외울 수 있습니다.

음원으로 80~90% 외워질 무렵에는 책의 퍼즐 문제를 풀어 봅니다. 퍼즐은 <자동암기 영단어 시리즈> 예상 독자의 난이도에 맞춰 따라 쓰기, 선긋기, 빈칸 한글 작문, 빈칸 영어 작문, 크로스워드로 구성했습니다.

다양한 음악으로 익혀서 지루하지 않고, 집중하기 쉬우며, '말하기 듣기' 실력도 향상됩니다. 본문의 퍼즐(선 긋기)과 10단원마다 제공되는 재미있는 이야기를 활용하면 기존의 어떤 방법보다 4배 이상 빠르게 외워집니다. 매 10단원 끝의 이야기는 다른 관점으로 세상을 볼 수 있도록 집필하였습니다. 학습자의 메타인지를 키우는데 도움이 됩니다.

기적은 이틀째!

영어▶한글로 들으면, 음악이 끝날 때 영어 단어가 나오고, 다음 음악이 시작할 때 한글 단어가 나옵니다. 음악과 음악 사이의 '무음 구간'에서 곧 나올 '한글 뜻'을 소리내 봅니다. 마음속으로 해도 좋습니다.

처음 들을 때는 효과를 알기 어렵습니다. 시간이 지난 뒤 다시 반복할 때 확실히 암기가 됩니다. 아무리 어려운 단어도 주로 이틀째, 늦어도 3-4일째에는 외워집니다. 대부분은 당일에 외워집니다.

가장 중요한 것은 매일 10~30분 듣는 것입니다. 저는 자녀들과 아침 식사 시간에 하루에 2회분(16단어)씩 '한글▶영어'로 익혔습니다. 아침에 바빠서 까먹을까봐, 매일 7시 35분으로 알람을 맞춰놨습니다.

매일 정해진 시간과 장소에서 반복하여 '습관'을 들여야 합니다. 식사 시간이나 출퇴근 이동 시간을 추천합니다. '습관'이 생기는 데는 약 66일이 걸립니다. 특히 평소에 하지 않던 행동은 까먹기 쉽습니다. 그러니 지금 당장 휴대폰에 영어 단어를 들을 '매일 알람 시간'을 맞춰 놓으세요. 꾸준히 하실 수 있도록 마이클리시 단톡방에서도 매일 이 책의 자료를 드리고 있습니다: bit.ly/miklish

음원으로 80~90% 익힌 후에는 책의 사진을 보고, 퍼즐을 풀어보세요. 단어의 어감 설명, 어근, 접두어 접미어의 색깔 표시(really, actual), 비슷한 말, 반대 말, 숙어, 관련 예문 등, 영어 배우는데 필요한 모든 어휘 지식을 담았습니다.

단어 모르고 영어회화?

미국인은 평균적으로 수동적 어휘(읽기/듣기 가능)로 4만 단어를 알고, 능동적 어휘(말하기/쓰기 가능)로 2만 단어를 압니다. 그러나 미국인의 일상 회화 89%는 1,000단어뿐입니다. 한국 성인들이 중학교까지 2천 단어를 배우는데도 영어 회화를 못하는 이유는 '수동적 어휘'로 익혔기 때문입니다. 능동적 어휘가 되려면 이 책의 '한글▶영어' 음원으로 단어 수준부터 영작할 수 있어야 합니다.

교육부 선정 어휘를 '빈도순'으로 전부 담았습니다. 위키피디아의 빈도순 영단어에는 9종류가 있는데(bit.ly/wikiwords), 이중 두번째인 'TV와 영화에서 가장 많이 쓴 단어(2921만 3800단어 분석)'를 기순으로 수록했습니다. '말하기' 중심의 통계가 더 중요하기 때문입니다.

교육부 선정 어휘는 '2022년 영어과 교육 과정(2025년부터 적용)' 부록에 있습니다. 약 3천 단어(초등 800단어, 중등 1200단어, 고등 1002단어)입니다. 부족한 것은 '빈도순 어휘'에서 보충했습니다: 이 책에는 be going to, being, best, better, done, everything, exactly, have to, made, Mr., myself, someone, their, these, those, yourself 등.

수능에서는 8천 단어(형태가 비슷한 단어를 빼면 5,000단어)가 출제되므로 추가 선별했습니다. 수능 빈출 횟수(수능영어 단어사전), 롱맨 3000단어, 옥스포드 5000단어를 분석했고, 옥스포드 구동사 750개는 예문으로 절반가량 수록했습니다.

음원은 두 종류!

쉬움

영어독해 목적

이 책의 단어를 대부분 모르면!

조금 어려움

영어회화 목적

이 책의 단어를 절반 이상 알면!

영어▶한글보다 한글▶영어를 더 추천합니다. 결정하기 어렵다면, 초반에는 한글▶영어로 익히다가, 느리게 외워져서 반복 횟수가 늘어난다면, 그 부분부터 영어▶한글로 바꿔도 좋습니다.

주의1 한 단어를 영어▶한글 / 한글▶영어 양쪽을 섞어서 듣지 마세요. 암기에 방해됩니다. 한 종류만 반복해서 책을 끝까지 익히세요. 영어▶한글로 끝까지 익힌 뒤, 다시 처음부터 한글▶영어로 익혀도 좋습니다.

주의2 1회 청취시 4~10회 반복(5회 반복 파일 기준 1~2회)하고, 시간이 지나서(1시간~48시간 이내) 다시 한 번 더 4~10회 반복합니다.

주의3 처음 익힐 때는 ◉영상보다 ◉음원이 더 좋습니다. 먼저 들어봐야 '듣기' 실력이 향상 됩니다. 영어가 잘 안 들리는 이유는 알고 있는 영어 단어가 실제로는 다르게 소리나는 경우가 많기 때문입니다.

주의4 스피커폰은 잘 안 들릴 수 있으니 조금 크게 틀어주세요. 1~5만원의 저렴한 블루투스 스피커를 구매하시는 것도 좋습니다.

QR코드 사용법

삼성 휴대폰 (갤럭시 시리즈 등)

 카메라 앱 키기

 QR코드 비추기

 하얀 팝업 터치

아이폰

 카메라 앱 키기

 QR코드 비추기

 노란 팝업 터치

그 외의 휴대폰

 네이버 앱 설치

 녹색 원 터치
(검색 탭 오른쪽)

 '렌즈' 터치
(9시방향)

 QR코드 비추기

 팝업 터치

QR코드 사용이 어렵다면,
인터넷 주소창에서 접속하세요.
bit.ly/jdvoca500

학습 계획!

2달 완성 이 책의 단어를 70%이상 모르는 학습자에게 추천

하루 10분, 8단어! 가정이나 학원에서 7분(5회 반복 파일)간 들려주고,

3분간 책의 문제(3번 쓰기, 선긋기)를 풉니다.

1	2	3	4	5	6	7
1단원	2단원	3단원	4단원	5단원	6단원	7단원

8	9	10	11	12	13	14
8단원	9단원	10단원,정리	11단원	12단원	13단원	14단원

15	16	17	18	19	20	21
15단원	16단원	17단원	18단원	19단원	20단원,정리	21단원

22	23	24	25	26	27	28
22단원	23단원	24단원	25단원	26단원	27단원	28단원

29	30	31				
29단원	30단원,정리	31단원				

1	2	3	4	5	6	7
32단원	33단원	34단원	35단원	36단원	37단원	38단원

8	9	10	11	12	13	14
39단원	40단원,정리	41단원	42단원	43단원	44단원	45단원

15	16	17	18	19	20	21
46단원	47단원	48단원	49단원	50단원,정리	51단원	52단원

22	23	24	25	26	27	28
53단원	54단원	55단원	56단원	57단원	58단원	59단원

29	30	31				
60단원,정리	61단원	62,63단원				

1달 완성 이 책의 단어를 절반 이상 알거나 1~4년 배운 분께 추천

왼쪽의 2달 완성 계획에서 하루에 '이틀 분량'을 진행합니다.

4달 완성 영어를 처음 배우는 분, 4~7세에게 추천

첫날에는 '듣기'만, 둘째 날에는 '듣기+교재의 퍼즐'을 해서, 이틀에 1단원씩 익힙니다.

7일 완성 이민, 시험 준비 등 급하게 익혀야 하는 분께 추천

알람을 맞춰서 1시간마다 10~20분씩 공부하세요. 하루에 10단원씩 5일에 400단어를 끝낼 수 있습니다. 2달이면 5,000단어, 초중고 영단어를 전부 완성할 수 있습니다. 8시부터 시작하면,

8시	9시	10시	11시	12시	1시
1단원 듣기	1,2단원 듣기 1단원 풀기	2,3단원 듣기 2단원 풀기	3,4단원 듣기 3단원 풀기	점심 시간 4,5단원 듣기	5,6단원 듣기 4,5단원 풀기

2시	3시	4시	5시	6시	7시
6,7단원 듣기 6단원 풀기	7,8단원 듣기 7단원 풀기	8,9단원 듣기 8단원 풀기	9,10단원 듣기 9단원 풀기	10단원 듣기 10단원 풀기	저녁 시간 1~10단원 듣기

격월 초마다 2달 과정으로 무료 영단어 스터디를 진행합니다.

마이클리시 단톡방
bit.ly/miklish

자동암기 영단어 단톡방
bit.ly/jdstudy

차례

부록

약어

감탄사	비슷한 말		
대명사	전치사		
동사	접속사		
명사	조동사		
반대말	한정사		
부사	형용사		

[U]ncountable = 불가산 명사

be going to

[bi góuiŋ tú=비고잉투] (당연히) ~할 것이다(조)

be going to

everything

[évriθiŋ=에브뤼띵]

모든 것(대)

everything

better

[bétər=베털]

더 좋은(형) 더 좋게(부)

better

these

[ðíːz=디즈]

이(한) 이것들(대)

these

Mr. [místər=미스털]

405 20053

~씨 (남자) [명]

Mr.

those [ðouz=도우즈]

406 19849

저 [한] 저것들 [대]

those

made [meid=메이드]

407 18872

만들었다 [동] 만들어진 [형] <p.311 부록 참고>

made

being [bíːiŋ=비잉]

408 18666

상태인 것 [명] 상태인 중인 [형] 존재 [명]

being

be going to
계획이 품은 아직 오지않은 시간.
(비) gonna [gʌ́nə=거너] (같은 뜻의 줄임말, 영어회화에서는 훨씬 많이 쓴다.)
I'm going to go.
나는 OOO 갈 OOO.

1

A 더 좋은

everything
하나도 빠뜨리지 않는 완전한 전부.
Everything looks delicious!
OO O이 맛있어 보인다!
(비) all OO O (비) whole 전체

2

B (당연히) ~할 것이다

better
만족하지 않는 마음이 찾는 다음 단계. worse(더 나쁜)의 반대말.
You had better go now.
이제 가는 게 O O다. (had better ~하는 게 더 좋다. 충고할 때 쓰는 표현.)

3

C 이, 이것들

these
손에 닿는 거리에 있는 '여러 개'.
These apples are sweet.
O 사과들은 달다.
(반) those 저, 저것들

4

D 모든 것

Mr.
남자를 깍듯이 부르고 싶을 때.
결혼했는 지는 상관 없다.

Mr. Kim is my math teacher.
김O는 나의 수학 선생님이다.
[반] Ms. [mɪz=미즈] ~씨 (여성)

5

E 상태인 중인,
상태인 것

those
손이 닿지 않는 곳의 '여러 개'.
Those shoes are expensive.
O 신발들은 비싸다.
[반] these 이, 이것들

6

F 저,
저것들

made
노력이 현실이 된 성취의 증거.
made of wood 나무로 OOOO
[비] created 창조했다
[반] destroyed 파괴했다

7

G 만들었다

being
어떤 상태로 '세상에 있음'을 나
타내는 것.
I don't like being late. 나는 늦은
OOO O을 좋아하지 않는다.

8

H ~씨

someone [sʌ́mwʌn=썸원]

누군가 ⓓ

someone

done [dʌn=던]

끝난 ⓗ

done

their [ðɛər=데얼]

그들의 ⓗ

their

yourself [juːrsélf=유얼쎌프]

너 자신을 ⓓ

yourself

413 14094

best [best=베스트]

최고의㉠ 최고로㉡

414 12292

exactly [igzǽktli=이ㄱ재클리]

정확히㉡ <ex=out: 밖으로>

415 11559

myself [maisélf=마이쎌(ㅍ)]

나 자신을㉢

416 11000

have to [hæv tu=햅 투]

~해야 할 이유가 있다㉣

someone
많은 사람 중 정해지지 않은 하나.

비 somebody 누군가

반 no one 아무도 없는

1

A 끝난

done
미완성이 완성으로 바뀐 순간.

The work is done. 일이 OO다.

비 finished 완료된

비 over 종료된

2

B 누군가

their
다른 사람들이 함께 가진 것을 말할 때.

They love their dog.

그들은 OOO 개를 사랑한다.

3

C 너 자신을

yourself
네가 너를 부르는 이름.

Wash yourself.

OOOO 씻어라.

4

D 그들의

best

good(좋은)과 better(더 좋은)를 넘어선 정상의 자리.

She is my best friend. 그녀는 나의 OOO(가장 친한) 친구야.

5

E 최고의, 최고로

exactly

애매함이 사라진 칼같은 명확함. exactly의 t는 발음하지 않는다.

These two bags are exactly the same. 이 두 가방은 OOO 똑같다.

6

F ~해야 할 이유가 있다

myself

내가 말하는 나.

I see myself in the mirror. 나는 거울 안에서 O OOO 본다.

7

G 정확히

have to

규칙과 환경이 강요하는 행동. 말의 느낌이 강한 정도는 should < have to < must.

You have to hurry. 당신은 서둘러O O O OOO OO.

8

H 나 자신을

3ᵃ 음악 연상 / 세 번 쓰기

417 9843

somebody [sʌ́mbadi=썸바디]

누군가⁽대⁾

somebody

418 9294

true [truː=트루]

진실인⁽형⁾

true

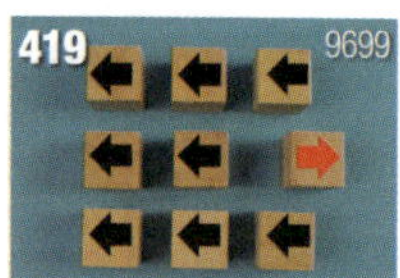

419 9699

most [moust=모우ㅅㅌ]

대부분의⁽한⁾ 가장 많이⁽부⁾

most

420 8517

anyway [éniwèi=에니웨이]

어쨌든⁽부⁾

anyway

food [fuːd=푸드] [U]

음식명

food

wake [weik=웨잌(ㅋ)]

(잠에서) 깨다, 깨우다동

wake

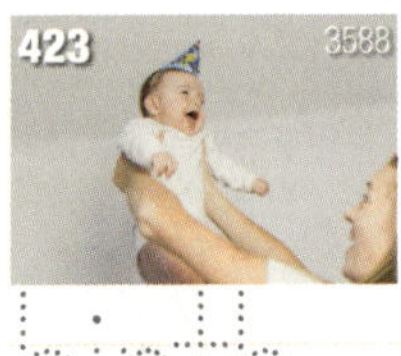

birth [bəːrθ=벌따] [U]

탄생명

birth

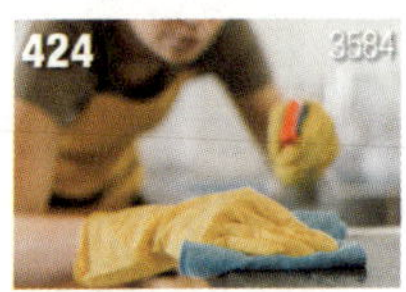

clean [kliːn=클리인]

깨끗한형 청소하다동

clean

somebody
1

누군지 모르지만 분명히 있는 사람.
비 anybody (없을 것 같은) OOO

A 진실인

true
2

의심의 먼지를 털어낸 맑은 사실.
That story is true.
그 이야기는 OO이다.
비 real 진짜의 비 actual 실제의
반 false 거짓의

B 어쨌든

most
3

예외를 조금 남겨둔 거의 모든 것.
many/much (많은) < more (더 많
은) < most (OOOO)

C 누군가

anyway
4

모든 반대에도 불구하고 나아가
는 의지의 말.

D 대부분의,
가장 많이

food
혀가 느끼는 행복의 재료.
Eat food. OO을 먹어라.
비 meal 식사

5

E 탄생

wake
닫혔던 눈꺼풀이 올라가는 하루
이 시작
Wake me up. 나를 OO라.
반 sleep 자다

6

F 깨끗한,
청소하다

birth
아홉 달의 기다림이 울음이 되
는 순간. bear(낳다)의 명사 형태.
a date of birth 한 OO일
반 death 죽음

7

G 깨다,
깨우다

clean
오염되기 전의 처음 그대로의
모습.
Let's clean up the room.
우리가 그 방을 OO하자.
반 dirty 더러운

8

H 음식

street [striːt=ㅅㅌ뤼읱]

거리⑲

begin [bigín=비긴]

시작하다⑤

city [síti=씨티]

도시⑲

become [bikÁm=비컴]

~가 되다⑤

teach [tiːtʃ=티이취]

가르치다(동)

teach

twenty [twénti=트웬티]

이십인(형)

twenty

twenty-first

[twénti fə́ːrst=트웬티 펄스트] 스물 한 번째인(형)

twenty-first

twenty-second

[twénti sékənd=트웬티 쎄컨드] 스물 두 번째인(형)

twenty-second

street

건물과 건물 사이를 잇는 도시의 혈관.

Walk on the street.
그 OO를 걸어라

1

A 거리

begin

모든 여정의 첫 번째 호흡. start 보다 조금 딱딱한 느낌.

Let's begin with a song.
한 노래로 OO하자.

2

B ~가 되다

city

수많은 꿈이 모여 사는 콘크리트 숲.

a big city 한 큰 OO

3

C 시작하다

become

현재의 나를 버리고 새로운 나를 입는 것. be(상태이다)보다 변화의 과정이 느껴진다.

Become a doctor. 한 의사O OO.

4

D 도시

teach

마음에서 마음으로 전하는 지혜의 물결.

Teach English. 영어를 OOOO.
땐 study 배우다

5

E 이십인

twenty

두 개의 십이 만든 청춘의 숫자.

twenty chairs OO개 의자

6

F 스물 한 번째

twenty-first

지금 우리가 살고있는 세기는 OO세기.

the twenty-first day
그 OO O OO 날

7

G 스물 두 번째

twenty-second

하나의 좌우를 뒤집으면 ♡가 되는 숫자.

the twenty-second try
그 OO O OO 시도

8

H 가르치다

twenty-third

[twénti θə́ːrd = 트웬티떨드] 스물 세 번째인^형

twenty-third

class [klæs = 클래시]

수업^명 반^명

class

key [kiː = 키이]

열쇠^명 핵심^명

key

its [its = 잍츠]

그것의^한

its

437 3431

poor [puər=푸얼]

가난한⁽형⁾

poor

438 3407

mad [mæd=맨(ㄷ)]

화난⁽형⁾ 미친⁽형⁾

mad

439 3375

rose [rouz=로우즈]

장미⁽명⁾

rose

440 3363

quick [kwik=쿠읙(ㅋ)]

빠른⁽형⁾

quick

twenty-third

마이클 조던이 농구 세상에 새긴 전설의 숫자.

the twenty-third street
그 OO O OO 거리

1

A 그것의

class

배움이 일어나는 네모난 우주.

a math class 수학 OO
Please don't talk in class.
OO 중에는 말하지 말아줘.
비 lesson (각각의) 수업

2

B 수업,
반

key

잠긴 문을 여는 작은 쇠붙이.

I lost my key.
나는 나의 OO를 잃어버렸다.
반 lock 자물쇠

3

C 스물 세 번째

its

사물에게도 허락된 가짐의 권리.

Its color changed.
OOO 색깔이 바뀌었다.

4

D 열쇠,
핵심

poor

로빈 후드와 홍길동이 지킨 사람은 OOO 사람.

a poor man 한 OOO 남자

២ rich 부유한

5

E 빠른

mad

천재와 OO사람은 종이 한 장 차이라 할 정도로 창의성의 극단에 있는 상태.

២ annoyed 짜증난 < mad OO < angry 분노한 < furious 격분한

6

F 가난한

rose

셰익스피어가 다른 이름(가문이 달라도)으로 불러도 향기(사람의 본질)는 그대로라고 비유한 꽃. 사랑의 상징.

a red rose 한 빨간 OO

7

G 화난,
미친

quick

'행동'을 끝내는데 걸리는 속도. 반면에 fast(빠른)는 속도의 정도를 뜻한다.

២ slow 느린

8

H 장미

6a 음악 연상 / 세 번 쓰기

영어▶한글

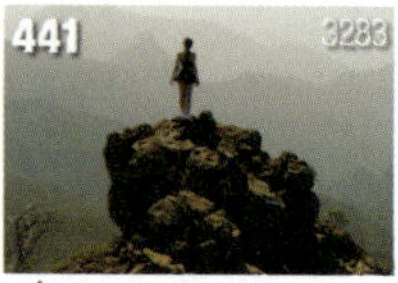

top [tap=탚]

꼭대기명 팽이명

top

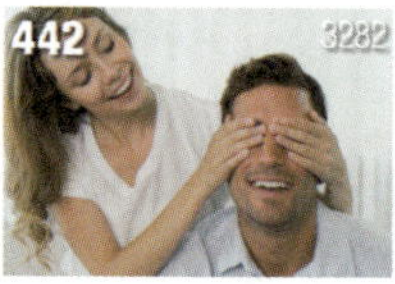

cover [kʌ́vər=커벌]

덮다동 덮개명

cover

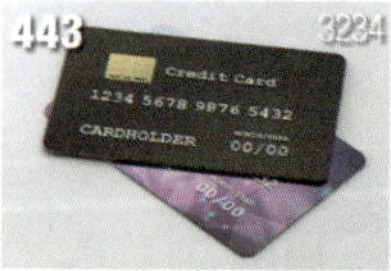

card [kaːrd=칼ㄷ]

카드명

card

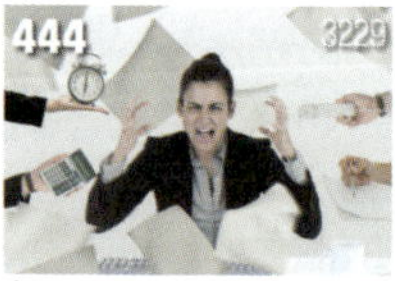

busy [bízi=비지]

바쁜형

busy

445　3217

black [blæk=블랙(ㅋ)]

검은색인⁽형⁾ 검은색⁽명⁾

black

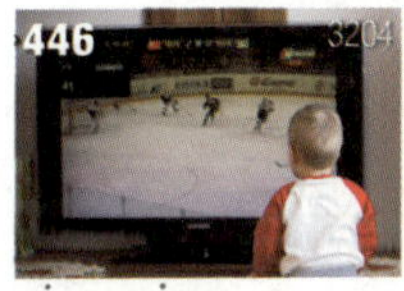

446　3204

television [télivíʒən=텔리비젼]

텔레비전⁽명⁾ <tele=far: 멀리>

television

447　3187

country [kʌ́ntri=컨트뤼]

나라⁽명⁾ 시골⁽명⁾

country

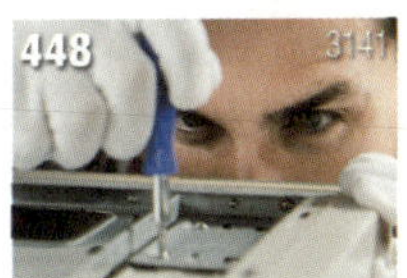

448　3141

fix [fiks=픽스]

고치다⁽동⁾

fix

top

어떤 것의 가장 높은 곳. 또는 회전하면 서있고, 가만히 있으면 쓰러지는 장난감.

on the top 그 OOO 위에
[비] peak 정점 [반] bottom 바닥

1

A 꼭대기

cover

벗기면 알 수 있고, 씌우면 보호되는 물건의 겉옷.

Cover the pot. 냄비를 OO라.
[반] uncover 드러내다
[반] hide 숨기다

2

B 카드

card

누구인지 알려주거나, 게임과 운을 시험하는 작은 직사각형.

a birthday card 생일 OO

3

C 바쁜

busy

벌과 개미, 그리고 현대인이 가장 자주하는 상태.

I'm busy. 나는 OOO.
[반] idle 한가한

4

D 덮다, 덮개

black

모든 색이 잠든 밤, 별을 더 밝게
빛나게 하는 색.

a black cat 한 OO 고양이
비 dark 어두운
반 white 흰색인

5

E 텔레비전

television

가족을 모이거나 흩어지게 하
는, 거실의 중심이자 소통의 장
벽. 바보 상자이자 이야기꾼.

어원 tele(멀리서)+vis(보는)+sion(것)
비 raido 라디오

6

F 검은색인

country

도시의 countra(반대)되는 곳일,
도시 사람들은 가고 싶고, OO
사람들은 떠나고 싶은 곳.

They live in the country.
그들은 OO에 산다.

7

G 고치다

fix

올바른 상태로 고정하는 것.
Fix the car. 그 차를 OOO.
비 repair 수리하다
반 break 부수다

8

H 나라,
시골

449 3126

air [ɛər=에얼] [U]

공기 (명)

air

450 3083

arm [ɑːrm=앎]

팔 (명) 무기 (명)

arm

451 3029

tired [táiərd=타이얼드]

피곤해진 (형)

tired

452 2998

evening [íːvniŋ=이이브닝]

저녁 (명)

evening

453 2986

human [hjúːmən=휴먼]

인간 명

human

454 2976

red [red=뤠(ㄷ)]

빨간색인 형 빨간색 명

red

455 2975

trip [trip=트륍]

여행 명

trip

456 2963

club [klʌb=클럽]

동아리 명 클럽 명

club

air

눈에 보이지 않지만, 없으면 1분도 버티기 어려운 것.

There's something strange in the air.
OO 중에 뭔가 이상한 게 있다.

1

A 피곤해진

arm

포옹할 때는 사랑의 도구, 전쟁할 때는 OO가 되는 신체 부위.

Raise your arm. 너의 O을 들어라.
[반] leg 다리

2

B 팔,
무기

tired

열심히 살았다는 증거, 노력의 훈장.

I feel tired. 나는 OOO게 느낀다.
[비] tire 피곤하게 하다

3

C 공기

evening

해가 진 뒤부터 잠들기 전까지의 시간.

Good evening. 좋은 OO입니다.
[비] night 밤
[반] morning 아침

4

D 저녁

human

실수를 통해 배우고, 사랑으로 성장하는 불완전한 기적.

I am human. 나는 OO이다.

비 person 사람

5

E 동아리

red

위험과 사랑을 동시에 상징하는 색. 분노하거나 부끄러우면 볼이 OOO이된다.

a red rose 한 OOOO 장미

6

F 여행

trip

발걸음마다 이야기가 생기는 삶의 쉼표.

비 journey (trip보다 긴) 여정
비 travel (trip과 journey를 포함하는 모든 종류의) OO

7

G 인간

club

개인의 취미가 공동의 열정이 되는 곳.

Join the club. 그 OOO에 가입해라.

8

H 빨간색인

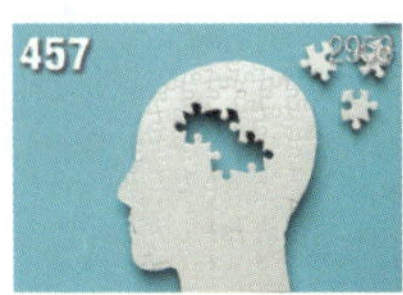

memory [méməri=메머뤼]

기억^명 추억^명

memory

present [préznt=프뤠즌트]

선물^명 현재^명 제시하다^동 [prízent=프뤼젠트]

present

apartment

[əpáːrtmənt=어팔트먼트] 아파트^명

apartment

court [kɔːrt=콜트]

법정^명 (실내의) 경기장^명

court

👁영어▶한글 👂한글▶영어 👁한글▶영어

461 2876
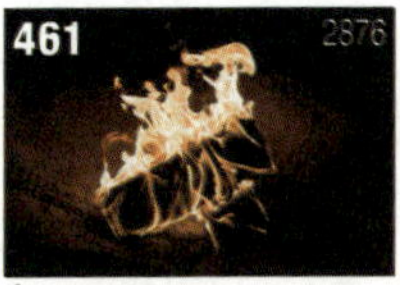

burn [bəːrn=벌언]

불태우다[동]

burn

462 2848
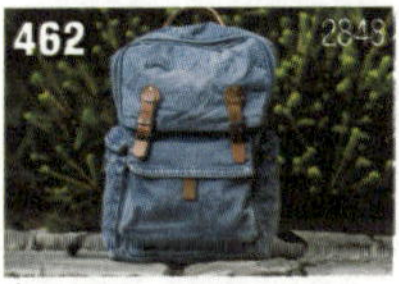

bag [bæg=백(ㄱ)]

가방[명]

bag

463 2843
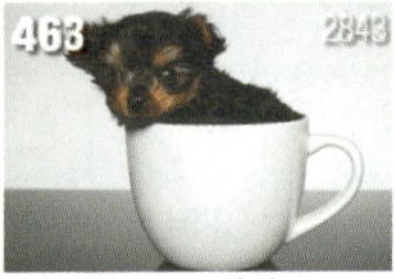

small [smɔːl=ㅅ멀]

작은[형]

small

464 2836
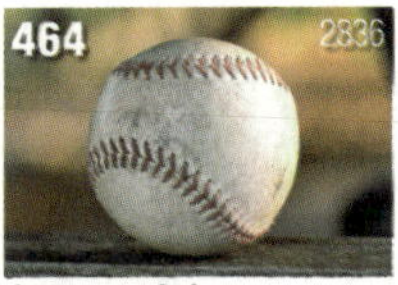

ball [bɔːl=벌]

공[명]

ball

memory

잊고 싶을 때는 선명하고, 불러 내고 싶을 때는 흐릿한 심리의 장난꾸러기.

1

a good memory 한 좋은 OO

A 법정, 경기장

present

과거와 미래 사이에서 숨 쉬는 유일한 진짜 시간.

2

a birthday present 한 생일 OO
비 gift OO, 재능
반 past 과거

B 기억, 추억

apartment

벽 하나로 타인과 나뉘면서도 함께 사는 도시의 벌집.

3

my apartment 나의 OOO
어원 aprt(분리된) + ment(것,장소)
비 flat OOO (영국식)

C 아파트

court

진실과 거짓이 대결하는 곳. 또는 규 칙에 따라 능력을 겨루는 곳.

4

Go to court. 그 OO에 가라.
비 field (야외) 경기장, 들판

D 선물, 현재

burn

물질이 빛과 열로 변하는 희생.
Burn the paper.
그 종이를 OOOO.

5

E 공

bag

주머니가 진화한, 손의 연장선.
my school bag 나의 학교 OO

6

F 가방

small

시작할 때의 모든 것의 모습.
a small dog 한 OO 개
⟨반⟩ large 큰

7

G 불태우다

ball

튀고 구르며 자유를 노래하는 둥근 친구.
Throw the ball. 그 O을 던져라.

8

H 작은

9a  음악 연상 / 세 번 쓰기

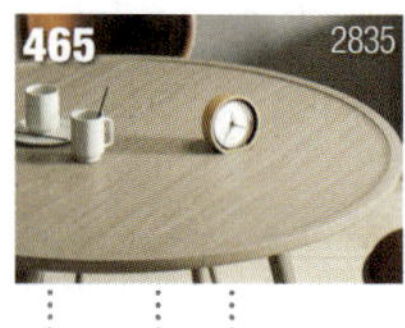

table [téibl=테이블]

탁자⁽명⁾ 표⁽명⁾

table

fly [flai=플라이]

날다⁽동⁾

fly

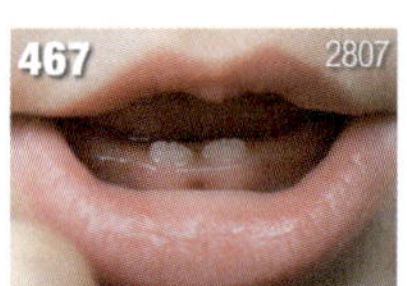

mouth [mauθ=마우뜨]

입⁽명⁾

mouth

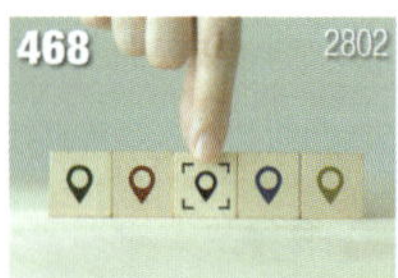

middle [mídl=미들]

가운데⁽명⁾

middle

👁 영어▶한글

👂 한글▶영어

👁 한글▶영어

469 2795
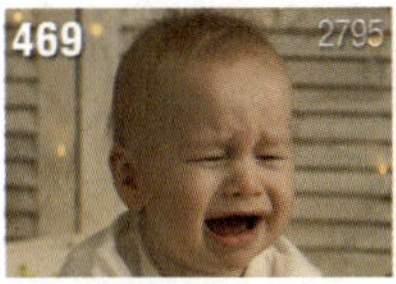

cry [krai=크라이]

울다[동]

cry

470 2786
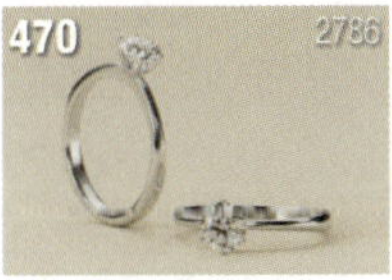

ring [riŋ=링]

반지[명] 벨이 울리다[동]

ring

471 2773
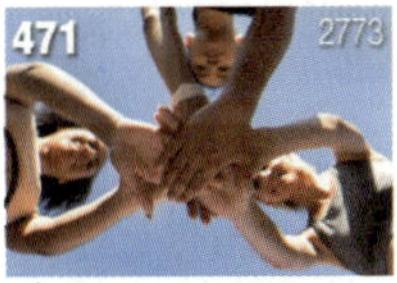

team [tiːm=티임]

팀[명]

team

472 2693

gentleman

[dʒéntlmən=젠틀먼] 신사[명]

gentleman

table
일할 때는 책상, 먹을 때는 식탁
이 되는 변신의 달인.

On the table 그 OO 위에.
[비] desk 책상

1

A 가운데

fly
꿈에서만 가능했던 것이 비행기
로 실현된 기적.

Birds fly. 새들이 OO.
[반] land 착륙하다

2

B 날다

mouth
진실과 거짓이 같은 곳에서 태
어나는 모순의 동굴.

Open your mouth.
너의 O을 벌려라.

3

C 탁자

middle
모든 저울이 찾아 헤매는 궁극
의 목적지.

in the middle 그 OOO에.
[비] center 중심

4

D 입

cry

슬픔이나 기쁨이 극에 달했을 때 나오는 반응.

Don't cry. O지 마라.

비 weep 흐느끼다

5

E 신사

ring

끼워서 약속하는 원형의 신호. 또는 문이나 전화기가 사람을 부르는 소리.

a gold ring 한 금 OO

6

F 반지, 벨이 울리다

team

나의 부족함이 너의 장점으로 채워지는 '함께'라는 퍼즐.

Our team wins. 우리의 O이 이긴다.

7

G 팀

gentleman

힘이 있되 함부로 쓰지 않고, 기다 릴 줄 아는 gentle(부드러운) 남자.

Manners makes a gentleman. 예절이 한 OO를 만든다.

반 lady 숙녀

8

H 울다

음악 연상 / 세 번 쓰기

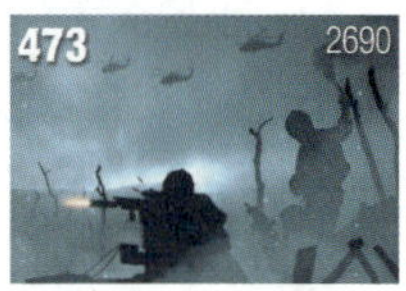

war [wɔːr=월]

전쟁 [명]

war

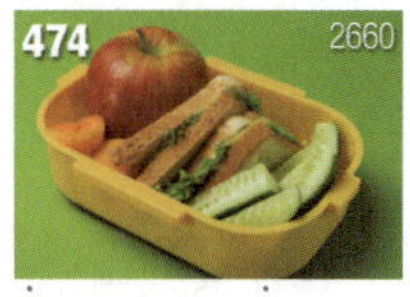

lunch [lʌntʃ=런치]

점심 식사 [명]

lunch

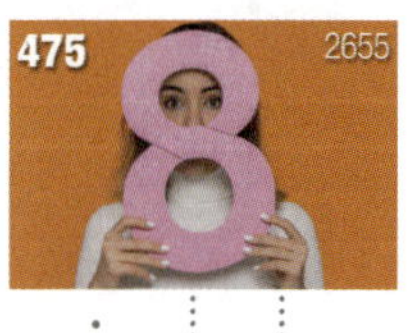

eight [eit=에잍(트)]

여덟인 [형]

eight

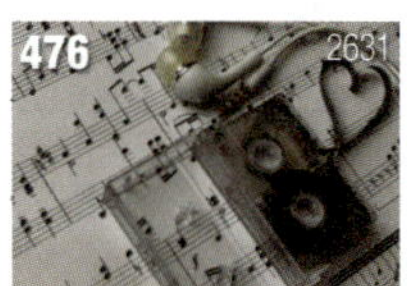

music [mjúːzik=뮤직] [U]

음악 [명]

music

477 2612

decision [disíʒən=디씨젼]

결정⁽명⁾

decision

478 2605

tape [teip=테잎(프)]

테이프⁽명⁾

tape

479 2589

college [kɑ́lidʒ=칼리쥐]

대학교⁽명⁾ (단과/학부)

college

480 2574

star [stɑːr=스탈]

별⁽명⁾

star

war

시작은 명분(해야 할 이유)이지만
끝은 항상 눈물뿐인 것.

Stop war. OO을 멈춰라.
뺀 peace 평화

1

A 여덟인

lunch

하루를 반으로 나누는 맛있는
쉼표.

Eat lunch. OO을 먹어라.

2

B 점심 식사

eight

누우면 무한대가 되는 숫자.

eight people OO명의 사람들

3

C 전쟁

music

슬픔을 위로하고 기쁨을 증폭시
키는 영혼의 약.

Listen to music. OO을 들어라.

4

D 음악

decision

망설임이 끝나고 행동이 시작되는 경계선.

Make a decision. 한 OO을 내려라.
圓 decide OO하다 (동사 형태)

5

E 대학교

tape

찢어진 것을 이어주는 투명한 화해.

Use tape. OOO를 써라.

6

F 별

college

꿈과 현실 사이에서 자아를 찾아가는 4년의 실험실.

Go to college. OOO에 가라.
圓 university 종합 대학 (college가 모인 것)

7

G 결정

star

어둠이 있어야 빛나는 희망의 증거.

a bright star 한 밝은 O
圓 planet 행성

8

H 테이프

조선 해커 올트만 관련 단원 1-10

올트만은 타임머신을 타고 2446년에서 1446년으로 온 best 해커였다. 그는 노트북 하나로 조선 eight 도를 뒤집어 놓았다.

어느 evening, 올트만이 한양 street를 걷다가 이상한 소리를 들었다.

"살려주세요! someone이 도와줘요!"

그곳에는 양반들이 한 노인을 때리고 있었다. 올트만이 노트북을 꺼내 양반들 앞에서 말했다.

"잠깐! 당신들 유튜브에 올릴 거야. 조회수가 most 높은 영상이 될 거야."

양반들이 당황했다.

"유...튜브? 그게 뭐요?"

"아, 맞다. 여긴 조선이지. anyway, 당신들 얼굴을 전국에 알릴 거야."

올트만이 노트북으로 뭔가를 하자, 갑자기 air에서 드론이 나타났다. 드론이 양반들 머리 위를 fly하며 영상을 찍기 begin했다.

"이게 뭐야! 귀신이다!"

양반들이 도망쳤다.

"고맙네, 젊은이. 그런데 자네는 exactly 누구인가?"

"저는 올트만입니다. 미래에서 왔죠."

"미래? 그러면 내가 누군지 아나?"

올트만이 노트북을 보더니 놀랐다.

"어? 당신 얼굴 인식 결과가… 세종대왕?"

"그래, 미래에서 왔다면 알겠지. 나는 변장하고 백성들 사이를 다니며 their 삶을 살펴보고 있네."

"백성들에게 문제가 있나요?"

"내가 made한 한글을 아무도 안 배우려고 해."

"그렇다면 television으로… 아, 지금은 없구나. 제가 도와드릴게요!"

다음 날, 올트만은 궁궐 앞에 거대한 대자보를 붙였다. 그리고 music을 크게 틀었다. 백성들이 모여들었다.

"신사 숙녀 여러분! 아니, gentleman과 상민 여러분! 오늘 특별한 걸 present하겠습니다!"

대자보에는 한글 문제가 써있었다.

< ㄱ = 1천냥 암호 / ㄴ = 2천냥 암호 / ㄷ = 3천냥 암호>

백성들이 웅성거리자 올트만이 설명했다.

"전국 곳곳에 보물을 숨겼는데, 이 문자를 배우면 숨겨진 보물을 찾을 수 있습니다!"

사람들이 미친 듯이 한글을 배우기 시작했다. 양반들도, poor한 백성들도 모두 한글을 익혔다. 단 일주일 만에 한양 city 전체가 한글을 읽을 수 있게 become되자 세종이 감탄했다.

"놀랍네! 하지만 정말 보물을 숨긴 건가?"

"아뇨, 거짓말이에요. 하지만 이제 모두가 한글을 알잖아요?"

mad한 백성들이 올트만을 찾아다니기 begin했다.

"사기꾼! 보물은 어디 있어!"

올트만이 quick하게 노트북을 켰다. 그리고 인공지능에게 물었다.

"TalkGPT야! 도와줘! 진짜 보물 만드는 것을 have to해!"

GPT가 답했다.

"조선시대에는 인터넷이 없습니다."

"그러면 어떻게 너랑 대화하고 있어?"

"당신이 타임머신 탈 때 특수 와이파이를 설치했잖아요. 그런데 배터리가 곧 끝납니다. 10분 남았어요."

올트만이 당황했다. 그때 somebody가 문을 두드렸다.

"열어! 우리는 포도청(조선 시대의 경찰)이다!"

"인공지능아! 나 대신 올트만을 해줘! 내 의식을 너한테 전송할게!"

"경고! 그러면 당신은 디지털 being이 되고, 육체는 사라집니다."

"상관없어! quick!"

올트만이 특수 장치를 머리에 쓰고 버튼을 눌렀다. 그의 몸이 사라지고, 노트북 화면에 그의 얼굴이 나타났다.

"성공이야! 이제 난 영원히 살 수 있어!"

하지만 기쁨도 잠시, 노트북 배터리가 2%였다.

"아, 잠깐! 충전기!"

때마침 문이 부서지고 포도청 team이 들어왔다. 그들은 텅 빈 방과 꺼져가는 노트북만 발견했다.

"올트만이 사라졌다!"

노트북 화면에서 올트만이 cry했다.

"제발! 충전기! 콘센트! 뭐든지!"

하지만 소선시대에 진기가 있을 리 없었다. 배터리가 1%… 0%. 화면이 black으로 변했다.

2446년, 한 college 학생이 중고 노트북을 샀다. 전원을 켜자 이상한 메시지가 떴다.

"안녕? 나는 올트만이야. 1000년 동안 대기 모드였어. 드디어 wake 했네! 그런데 여기가 exactly 언제야?"

학생이 놀라서 노트북을 던졌다. 노트북이 table에 부딪혀 깨졌다.

"아! 또 다시! 안 돼!"

그렇게 올트만은 또 사라졌다. 정확히는 인터넷 어딘가에 백업되어 지금도 떠돌고 있다고 한다. 가끔 메일로 '나는 올트만이다. 도와달라. 내 몸을 되찾아야 한다'는 메시지가 온다면, 그건 true일지도 모른다.

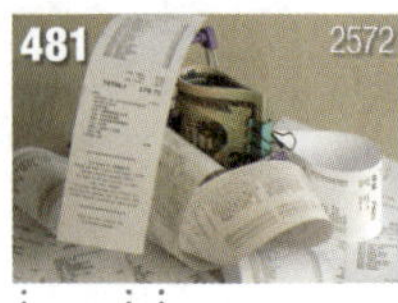

bill [bil=빌]

계산서⁽명⁾ 지폐⁽명⁾

bill

seven [sévən=쎄븐]

일곱인⁽형⁾

seven

history [hístəri=히ㅅ터뤼]

역사⁽명⁾

history

hurry [hə́ːri=허뤼]

서두르다⁽동⁾

hurry

kick [kik=킥]

차다 (동)

kick

voice [vɔis=보이스]

목소리 (명)

voice

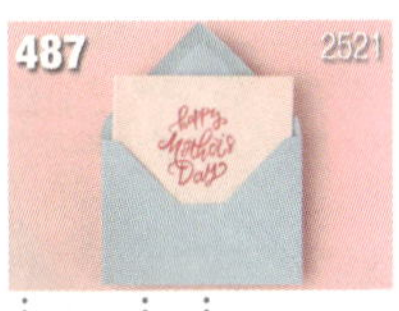

letter [létər=레털]

편지 (명) 글자 (명)

letter

smell [smel=스멜]

냄새 (명) 냄새나다 (동) 냄새맡다 (동)

smell

bill

종이 한 장에 담긴 약속과 의무.
[어원] billa (봉인이 찍힌) 공식 문서
Pay the bill. 그 OOO를 내라.

1

A 일곱인

seven

무지개의 숫자, 모든 음악(음계)의 대표 숫자.
seven cats OO마리 고양이들

2

B 서두르다

history

승자가 쓰고 패자는 잊혀지는 선택적 기억.
I like history. 나는 OO를 좋아한다.

3

C 역사

hurry

과정을 생략하고 결과만 탐하는 욕심의 속도.
Hurry up! OOOO!
[반] delay 지연하다

4

D 계산서,
지폐

kick

태아가 엄마에게 보내는 첫 번째 인사.

Kick the ball. 그 공을 OO.
[반] punch 주먹으로 치다

5

E 냄새나다

voice

공기를 흔드는 각 사람의 고유한 색깔.

Her voice is nice.
그녀의 OOO는 좋다

6

F 목소리

letter

거리를 뛰어넘어 마음을 전하는 종이 비둘기.

Write a letter. OO를 써라.
[비] mail 우편

7

G 차다

smell

맛보기 전에 음식을 알려주는 혀의 안내자.

I smell food. 내가 음식을 OOO다.
[비] scent 향기 [비] odor 악취

8

H 편지

12ª 음악 연상 / 세 번 쓰기

shop [ʃɑp=샵]

가게⒨ 사다⒟

shop

quiet [kwáiət=쿠아이얻]

조용한⒣

quiet

road [roud=로우드]

길⒨

road

short [ʃɔːrt=숕(ㅌ)]

짧은⒣

short

clothes [klouz=클로우즈]

옷 (명)

clothes

carry [kǽri=캐뤼]

나르다 (동)

carry

shoe [ʃuː=슈우]

신발 (명)

shoe

near [niər=니얼]

(거리/시간이) 가까운 (형) 가까이 (부) 가까이에 (전)

near

shop

돈과 물건이 춤추는 무도회장.
Go to the shop. 그 OO에 가라.
비 store 상점

1

A 조용한

quiet

시끄러울 수록 그리워지는 것.
Be quiet. OOO 해라.
비 silent 침묵의
반 loud 시끄러운

2

B 가게,
사다

road

문명이 그은 대지의 혈관.
Cross the road. 그 O을 건너라.
비 street 거리

3

C 길

short

시간이나 거리가 부족한 상태.
a short story 한 짧은 OOO
반 long 긴
반 tall 키 큰

4

D 짧은

clothes

아침마다 오늘의 나를 결정하는 두번째 피부. cloth(옷감)을 붙여 만들기에 복수로만 쓴다.

new clothes 새 O

5

E 신발

carry

등에 지고 OO면 짐, 가슴에 품고 가면 보물.

Carry **the bag.** 그 가방을 OOO.

6

F 가까운, 가까이

shoe

벗으면 집, 신으면 세상인 발의 동반자.

Take off your shoes.
너의 OO을 벗어라.

7

G 나르다

near

떠나야 깨닫는 소중함의 거리.

It's near **here.**
그것은 여기 OOO에 있어.
[비] **close** (거리/마음이) 가까운
[반] **far** 먼

8

H 옷

13ᵃ 음악 연상 / 세 번 쓰기

invite [inváit=인바잍]

초대하다동 <in: 안으로>

invite

dark [dɑːrk=달크]

어두운형

dark

ice [ais=아이시] [U]

얼음명

ice

aunt [ænt=앤트]

이모명 고모명

aunt

floor [flɔːr=플로얼]

(실내의) 바닥 명

floor

earth [ə́ːrθ=얼띠]

지구 명 땅 명

earth

box [baks=박스]

상자 명

box

mommy [mámi=마미]

엄마 명 (어린 말) <명사+y: 애칭>

mommy

invite

닫힌 문을 여는 따뜻한 손짓.
Invite your friend.
너의 친구를 OOOO.
[어원] in(안으로) + vite(부르다)

1

A 초대하다

dark

빛이 남긴 마지막 숨결. 눈을 감
는 순간에 피어나는 꽃.
It's dark now. 지금 OOO.
[반] bright 밝은

2

B 이모

ice

물이 시간을 멈추는 방법.
Put in some ice. OO을 좀 넣어라.

3

C 얼음

aunt

엄마 또는 아빠와 닮은 또 다른
어머니.
My aunt is kind.
나의 OO는 친절해.
[반] uncle 삼촌, 큰아빠, 작은아빠

4

D 어두운

floor
모든 추락이 끝나는 곳이자 모든 도약이 시작되는 곳.
Clean the floor.
그 OO을 청소해라.

5

E 상자

earth
모든 생명을 안고 도는 거대한 공.
What on earth is that?
저게 도대체 뭐야?

6

F 지구,
땅

box

7

Open the box. 그 OO를 열어라.

G 엄마

mommy
아파도 부르고, 기뻐도 부르고,
놀라도 부르는 만능 주문,
I miss mommy.
나는 OO가 그립다.

8

H 바닥

sing [siŋ=씽]
노래하다[동]

sing

yesterday
[jéstərdèi=예스털데이] 어제[명]

yesterday

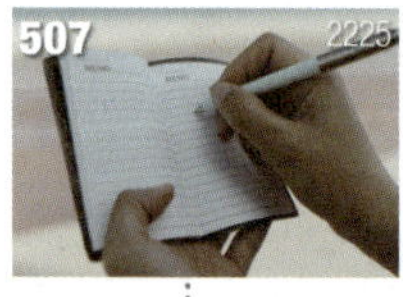

note [nout=노우트]
메모[명] (악보의) 음[명] 언급하다[동] 적다[동]

note

store [stɔːr=스토얼]
상점[명] 저장하다[동]

store

509   2194

wall [wɔːl=월]

벽 명

wall

510   2180

blue [bluː=블루]

파란색인 형 파란색 명

blue

511   2167

deep [diːp=디잎]

깊은 형

deep

512   2167

jump [ʤʌmp=점프]

펄쩍 뛰다 동

jump

sing

말로는 부족할 때 영혼이 선택하는 표현법.

Sing a song. 한 곡을 OOOO.

1

A 메모

yesterday

다시 펼 수 없는 책의 마지막 장.

[어원] yester(지난) + day(날)

Yesterday was fun. OO는 즐거웠다.

[반] tomorrow 내일

2

B 상점

note

잊혀지는 것을 붙잡으려는 손끝의 몸부림.

[어원] nota(표시, 기호)

Write a note. OO를 써라.

[비] memo 메모 (딱딱한 느낌의 말)

3

C 노래하다

store

돈이 물건으로 변신하는 마법의 공간.

Go to the store. 그 OO에 가라.

[비] shop 가게 (영국에서 더 많이 쓴다)

4

D 어제

wall

넘으면 성장하고, 세우면 안전하고, 무너뜨리면 자유로운 것.

Paint the wall. 그 O을 칠해라.

5

E 펄쩍 뛰다

blue

하늘과 바다가 그리는 지구의 색깔.

blue sky OO 하늘

6

F 벽

deep

수영을 못하는 사람이 물에 공포를 느끼는 이유.

deep water OO 물

7

G 깊은

jump

날개 없는 인간이 하늘을 맛보는 방법.

Jump high! 높이 OO OOO!

8

H 파란색인

park [pɑːrk=팔크]

공원 (명)

park

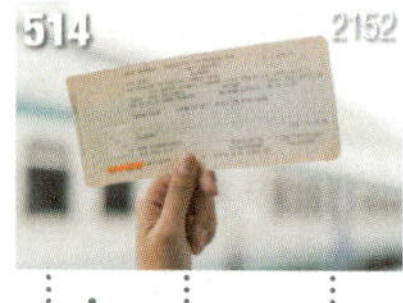

ticket [tíkit=티킽]

표 (명)

ticket

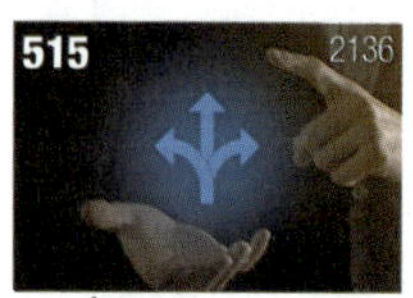

choose [tʃuːz=츄즈]

선택하다 (동)

choose

join [dʒɔin=죠인]

참여하다 (동)

join

👁영어▶한글 👂한글▶영어 👁한글▶영어

leg [leg=렉(ㄱ)]

다리[명]

leg

fill [fil=필]

채우다[동]

fill

file [fail=파일]

서류[명]

file

bath [bæθ=배ㄸ]

목욕[명]

bath

park

자연과 도시가 타협한 공간.
Walk in the park.
그 OO을 걸어라.

1

A 참여하다

ticket

기대를 품고 들어가 추억을 품고 나오는 증표.
Buy a ticket. 한 OO을 사라.

2

B 표

choose

하나를 얻기 위해 나머지를 포기하는 것. pick보다 신중하게 OO하는 것.
I choose to leave early.
나는 일찍 떠나기로 OOOO.

3

C 공원

join

서로 다른 조각이 하나의 그림으로 합치는 것.
Join us. 우리에게 OOOO.

4

D 선택하다

leg

세상과 나를 연결하는 기다란
신체 부위.

My leg hurts. 내 OO가 아프다.
⟨반⟩ **arm** 팔

5

E 서류

fill

그릇이 역할을 하게 하는 것
Fill the cup. 컵을 OOO.
Please fill in this form.
이 양식을 직성해 주세요.
⟨반⟩ **empty** 비우다

6

F 복욕

file

과거를 저장하고 미래를 준비하
는 문서 자료. 또는 컴퓨터의 정
보 덩어리.

Open the file. 그 OO을 열어라.

7

G 다리

bath

하루의 먼지를 씻고 내일을 준
비하는 의식.

Take a bath. OO을 해라.

8

H 채우다

16ᵃ 음악 연상 / 세 번 쓰기

영어 ▶ 한글

window [wíndou=윈도우]

창문®

window

cat [kæt=캩]

고양이®

cat

return [ritə́ːrn=뤼털언]

돌아오다® 돌려주다® <re=again: 다시>

return

difficult [dífikəlt=디피컬트]

어려운®

difficult

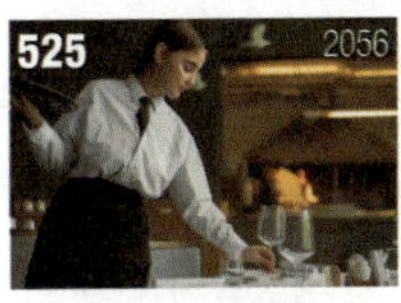

525 · 2056

service [sə́ːrvis=썰비스]

서비스 (명) (일종의 유료 봉사)

service

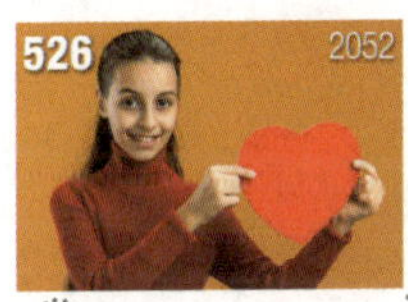

526 · 2052

favorite [féivərit=페이ㅂ어륏]

가상 좋아하는 (형) (=favourite 영국식)

favorite

527 · 2050

uncle [ʌ́ŋkl=엉클]

삼촌 (명) 작은아빠 (명) 큰아빠 (명)

uncle

528 · 2011

cross [krɔs=크뤄쓰]

건너다 (동) 십자가 (명)

cross

16b 퍼즐 연상

window
벽이 세상을 향해 뜬 유일한 눈.
Open the window.
그 OO을 열어라.

1

A 돌아오다, 돌려주다

cat
집사라는 인간을 길들인 유일한 정복자.
a cute cat 한 귀여운 OOO
回 kitten 새끼 고양이
回 dog 개

2

B 창문

return
떠난 것이 turn(돌다)해서 re(다시) 제자리를 찾아 가는 것.
Return home. 집으로 OOOO.
回 give back OOOO

3

C 어려운

difficult
가치가 높은 모든 것 앞에 서 있는 문지기.
This problem is difficult for me.
이 문제는 나에게 OOO.
回 easy 쉬운

4

D 고양이

service
만족을 만드는 보이지않는 노력.
a good service 한 좋은 OOO
비 help 도움

5

E 건너다,
십자가

favorite
마음이 인정한 최고의 자리.
my favorite color
내가 OO OOOO 색깔

6

F 삼촌

uncle
책임감 없이 나의 아빠를 체험
하는 사람.
My uncle is tall.
나의 OO은 키가 크다.
반 aunt 이모, 고모

7

G 가장 좋아하는

cross
예수님이 짊어지셨던 고난의 상
징이자 교회의 상징. 또는 길을
OOO 행동.
Cross the street. 그 길을 OOO.

8

H 서비스

issue [íʃuː=이슈]
사안[명]

issue

summer [sʌ́mər=써멀]
여름[명]

summer

thirty [θə́ːrti=떨티]
서른인⑲ 서른⑲

thirty

afternoon
[æ̀ftərnúːn=애프털눈] 오후[명]

afternoon

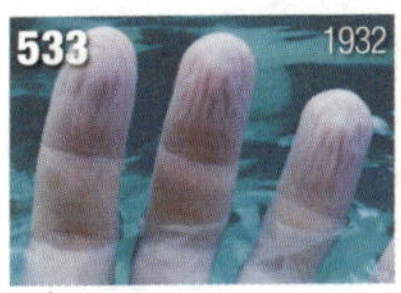

533 1932

finger [fíŋgər=핑걸]

손가락 (명)

finger

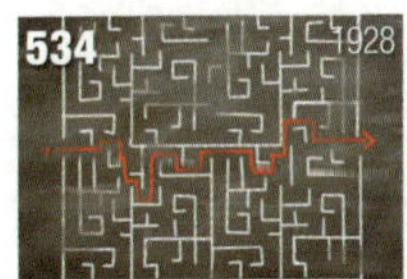

534 1928

across [əkrɔ́s=어크뤄스]

~을 가로질러 (전)

across

535 1925

song [sɔːŋ=쏭]

노래 (명)

song

536 1915

boat [bout=보우트]

(작은) 배 (명)

boat

issue

관심이 모인 중요한 문제.

a big issue 한 큰 OOO

1

A 서른인

summer

태양이 지구에 선사하는 가장
열정적인 시기.

I love summer.
나는 OO을 좋아한다.
📍 **winter** 겨울

2

B 사안

thirty

인생의 오전이 끝나고 오후가
시작되는 숫자.

thirty **days** OOO 날

3

C 오후

afternoon

noon(12시) after(이후)에 태양이
숨을 고르며 기울어지는 시간.

Good afternoon. 좋은 OO입니다.

4

D 여름

finger

반지를 끼워 약속하고, 지문을
남겨 증명하는 신체의 더듬이.

My finger hurts. 내 OOO이 아프다.
반 toe 발가락

5

E ~을 가로질러

across

한 쪽에서 반대쪽으로 가로지르
는 전치사. 동사 형태는 cross(건
너다).

Run across the road.
그 길O OOO 달려라.

6

F 배

song

시가 음계를 만나 날개를 단 것.

a happy song 한 신나는 OO
비 sing OO하다 (동사 형태)

7

G 손가락

boat

물 위의 작은 이동 수단.

Ride a boat. 한 O를 타라.
비 ship (큰) 배
비 yacht (휴식 목적의) 고급 배

8

H 노래

18ª 음악 연상 / 세 번 쓰기

nine [nain=나인]

아홉인® 아홉®

nine

breakfast

[brékfəst=ㅂ뤱퍼ㅅ티] 아침 식사®

breakfast

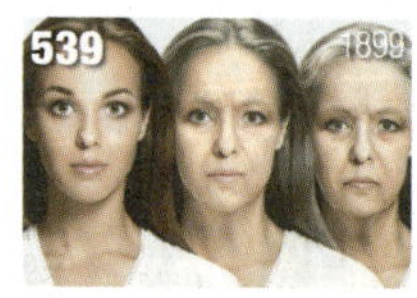

age [eidʒ=에이쥐]

나이® 시대®

age

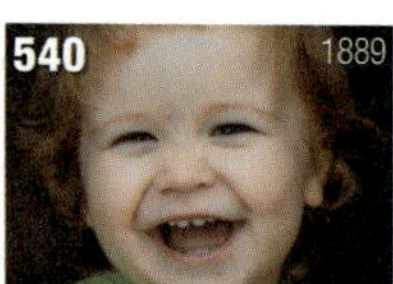

pleasure [pléʒər=플레졀]

기쁨®

pleasure

541 1871

train [trein=트뤠인]

기차⁽명⁾ 훈련시키다⁽동⁾ <tra=tract: 끌다>

train

542 1855

visit [vízit=비짙(ㅌ)]

방문하다⁽동⁾ <vis: 보다>

visit

543 1834

double [dʌ́bl=더블]

두 배⁽형⁾

double

544 1832

sad [sæd=쌔드]

슬픈⁽형⁾

sad

nine

아기가 뱃속에 있는 시간의 수.

nine dogs OO 마리 개

1

A 나이

breakfast

몸이 밤새의 fast(금식)을 break
(깨다)하는 시간.

Eat breakfast. OO OO를 먹어라.

2

B 아홉인

age

경험과 순수함을 교환하는 거래.

What's your age?
너의 OO는 무엇이니?

3

C 아침 식사

pleasure

happiness(행복)의 동생이자
enjoyment(즐거움)의 언니.
please(기쁘게 하다)의 명사 형태.

It was my pleasure.
그것은 저의 OO이었습니다.

4

D 기쁨

train

역과 역 사이, 만남과 이별을 싣고 달리는 이동 수단. 사람이나 물건을 tra(=tract: 끌다)하는 것.

Ride a train. 한 OO를 타라.

5

E 방문하다

visit

만남이라는 선물을 주고 받는 시간의 교환.

Visit **my house.** 우리 집에 OOOO.

6

F 두 배

double

더하는 양이 원래 만큼인 것.

Double **the fun!**
재미를 OO로 해라.
〔비〕 triple 3배

7

G 슬픈

sad

혼자일 때 커지고 나눌 때 작아지는 감정.

I feel sad. 나는 OOO 느낀다.
〔비〕 unhappy 행복하지 않은

8

H 기차,
훈련시키다

fool [fuːl=풀]

바보 [명]

f o o l

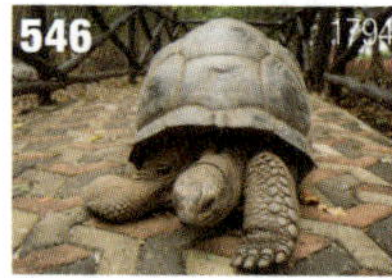

slow [slou=슬로우]

느린 [형]

s l o w

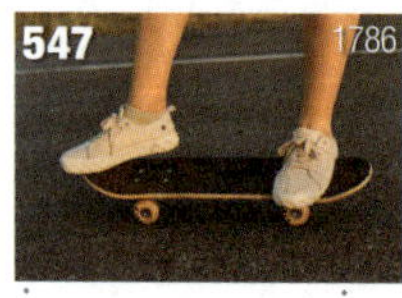

board [bɔːrd=볼드]

판자 [명] 탑승하다 [동] 이사회 [명]

b o a r d

kitchen [kítʃin=키췬]

부엌 [명]

k i t c h e n

during [djúəriŋ=듀어륑]

~동안⁽전⁾

during

space [speis=ㅅ페이ㅆ]

우주⁽명⁾ 공간⁽명⁾

space

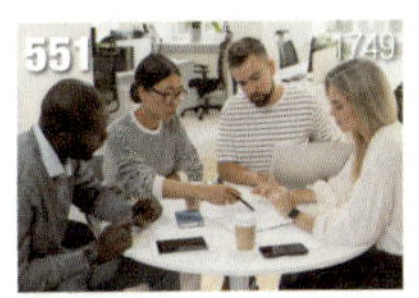

discuss [diskʌ́s=디ㅅ커ㅆ]

논의하다⁽동⁾ <dis=away: 떨어트려 제거하다>

discuss

third [θəːrd=떨ㄷ]

세번째인⁽형⁾

third

fool

어리석음과 순수함 사이에서 춤 추는 광대. foolish(어리석은)의 명 사 형태.

Don't be a fool. OO처럼 굴지 마라.
⚾ wise 지혜로운

1

A 판자, 탑승하다

slow

음미하고 곱씹고 되새기는 깊은 생각의 속도.

a slow car 한 OO 차
⚾ fast 빠른

2

B 부엌

board

커지면 무대가 되고, 작아지면 칠판이 되는 변신술사.

Everyone is on board now.
이제 모두 OOOO.

3

C 바보

kitchen

사랑이 음식으로 변신하는 엄마 의 실험실.

in the kitchen OO 안에서

4

D 느린

during

시작과 끝 사이에 흐르는 특별한 시간의 강.

during **lunch** 점심 식사 OO

5

E 논의하다

space

없으면 답답하고 너무 많으면 외로운 것.

Make space. OO을 만들어라.
비 **room** 공간

6

F 세번째인

discuss

생각의 탁구공을 주고 받으며 해결책에 가까워지는 게임.

Let's discuss **it**.
그것에 대해 OOOO.
비 **debate** (말로 다투며) 토론하다

7

G ~동안

third

금은동 중 가장 서러운 위치.

my third **try** 나의 OOO 시도

8

H 우주,
공간

음악 연상 / 세 번 쓰기

영어 ▶ 한글

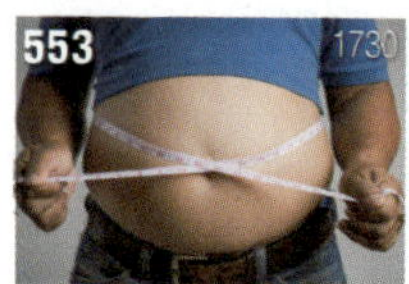

fat [fæt=팻(트)]

뚱뚱한⁽형⁾ (신체의) 지방⁽명⁾

rock [rɑk=롹(크)]

바위⁽명⁾

yep [jep=옙]

응⁽감⁾

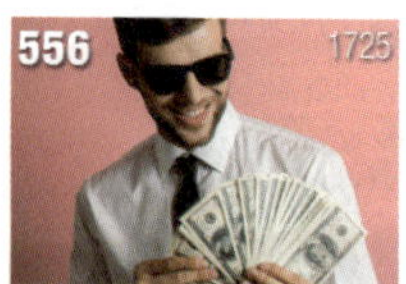

rich [riʧ=뤼취]

부자⁽명⁾ 부자인⁽형⁾ 풍부한⁽형⁾

557 1714

track [træk=트랙]

선로^명 길^명 <trac=tract: 끌다>

track

558 1703

paint [peint=페인트]

칠하다^동 페인트^명

paint

559 1690

low [lou=로우]

낮은^형 낮게^부

low

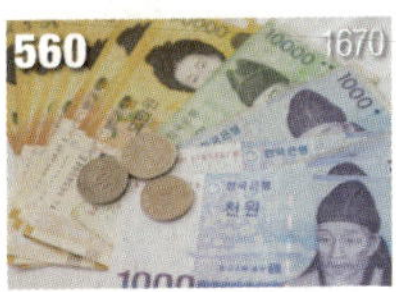

560 1670

cash [kæʃ=캐쉬]

현금^명

cash

fat

과거에는 풍요의 증거였다가, 현대에는 질병의 원인이 된 시대의 희생양.

1

a **fat** cat 한 OOO 고양이
(반) thin 마른

A 응

rock

던지면 무기, 쌓으면 집, 조각하면 예술. 다듬어지지 않은 OO.

2

Sit on the **rock**. 그 OO에 앉아라.
(비) stone 돌, 다듬은 돌

B 뚱뚱한

yep

진심과 건성 사이를 오가는 애매한 끄덕임.

3

Yep, that's right. O, 맞아.
(비) yeah 그래
(반) nope 아니

C 바위

rich

물질과 정신이 모두 넉넉한 상태.

4

He is **rich**. 그는 OO이다.
(반) poor 가난한

D 부자인

track

음악에서는 한 곡, 경주에서는 한 바퀴가 되는 단위. 또는 trac(당기다)하고 남은 자국.

Run on the track.
그 O에서 달려라.

5

E 칠하다, 페인트

paint

붓끝에서 태어나 캔버스에서 영원이 되는 물질.

Paint the wall. 그 벽을 OOO.

6

F 현금

low

노자는 '바다가 OO곳에 있기에 (겸손하기에) 모든 물을 품을 수 있다'고 하였다.

a low sound 한 OO 소리
[반] high 높은

7

G 선로, 길

cash

즉시 원하는 것으로 바꿀 수 있는 정확한 가치의 물건.

I need cash. 나는 O이 필요하다.
[비] money (모든 종류의) 돈

8

H 낮은, 낮게

동생 베짱이는 매일 park에서 music을 made했다. 형 개미는 은행에서 twenty년째 일했다. 개미가 베짱이에게 말했다.

"너는 왜 그렇게 살아? 노후 준비는? apartment도 없잖아."

베짱이가 웃었다.

"형은 Wall Street(증권가)에서 일하니까 rich하겠네?"

"당연하지. 내 계좌에 cash가 얼마인지 알아? 곧 boat도 살 거야."

"근데 형, 그 돈 exactly 어디 있어?"

"당연히 은행에 있지."

"실제로 본 적 있어?"

"무식한 소리 하지 마. 너같이 poor한 애는 몰라."

개미가 mad했다.

어느 summer 아침, 개미가 television을 켰다. *'긴급뉴스. 은행 파산. 시장 붕괴.'*

개미의 전화가 울렸다. 회사에서 'thirty분 안에 짐 빼라'며 해고를 통지했다. 개미 계좌의 모든 게 사라졌다. 개미가 box에 짐을 담으며 울었다. 회사를 나가 street에서 베짱이를 만났다.

"형, 얼굴이 dark하네?"

개미가 sad하게 말했다.

"everything 잃었어. 집도 팔아야 해."

베짱이가 자기 bag을 열었다. 낡은 지갑에서 bill 몇 장을 꺼냈다.

"많지 않지만, 이거라도 써."

"너야말로 돈이 없잖아."

베짱이가 웃었다.

"난 원래 없었으니까 잃을 것도 없어. 형은 있었다가 없으니까 difficult 하지."

"너는 후회 안 해? 나처럼 은행에서 일했으면…"

"형, 내가 yesterday 만든 song 들어볼래?"

베짱이가 sing하자, road를 across하던 사람들이 멈춰 섰다. someone 이 모자에 돈을 넣었다.

"이게 내 일이야. sing하면 누군가 돈을 줘. small하지만 true해."

"나는 숫자를 믿었는데, 넌 human을 믿었구나."

"우리 team하자. 형은 숫자 잘 다루잖아. 내 music 매니저 해줘."

개미가 처음으로 진짜 웃었다.

"나같은 fool을?"

"실패? 형을 믿는 사람들이 아직 있잖아. 그게 진짜 능력이야."

그들은 small한 공연 기획사를 시작했다. 이름은 "개미와 베짱이". 그리고 3년 후, 그들의 회사는 country 최고의 음반 회사가 되었다.

한 기자가 물었다.

"성공 비결이 뭔가요?"

개미가 답했다.

"store해야 하는 것은 cash가 아니라 memory예요. 그게 진짜 자산
이니까요."

베짱이가 덧붙였다.

"fly해야 하는 곳은 숫자 위가 아니라 꿈 위에서예요."

기자가 물었다.

"후회는 없나요?"

"있죠. 더 일찍 망하지 못한 거요. 그랬다면 더 빨리 돈보다 소중한
것들을 깨달았을 거예요."

그들의 사무실 wall에 note가 하나 걸려 있다: **부지런한 개미가 항상
이기는 건 아니다. 게으른 베짱이가 항상 지는 것도 아니다. 중요한 건
*being yourself*이면서 *somebody*와 함께하는 것이다. 금융위기 때 망
한 건 개미들이었고, 살아남은 건 예술가들이었다. 개미는 사회 체계를
믿었고, 예술가는 관계를 믿었으니까.**

그들은 지금도 매주 lunch를 함께 먹는다. 개미는 숫자 대신 music
을 배우고, 베짱이는 song 대신 경영을 배운다.

"형, 오늘 우리 club 공연 있어. 와줄 거지?"

"당연하지. 근데 나도 무대에 서고 싶어."

"뭐? 형이 sing를?"

"아니, 탬버린만 칠게."

"그것도 박자 맞춰야 해."

"Yep, 연습했어. eight 박자로 치면 되지?"

그날 evening, 전직 은행원이 탬버린을 쳤다. 관객들은 그게 most 아름다운 소리라고 느꼈다. 완벽하시 않아도 true한 마음이 느껴졌으니까.

개미는 이제 매일 아침 wake하면 웃는다. cash는 적지만 마음은 부자가 되었다. 베짱이도 이제 slow하게 cash를 모은다. 미래를 위해서가 아니라 present를 위해서.

"형, 우리가 진짜 성공한 거 알아?"

"cash를 많이 벌어서?"

"아니, 서로를 이해해서."

그들의 story는 city 전체에 퍼졌다. 누군가는 이렇게 말했다.

"개미와 베짱이가 teach한 건 일과 놀이가 적이 아니라는 것. 그리고 가장 poor한 사람은 cash가 없는 사람이 아니라 친구가 없는 사람이라는 것."

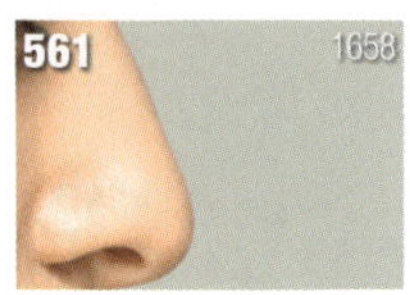

nose [nouz=노우즈]

코 [명]

nose

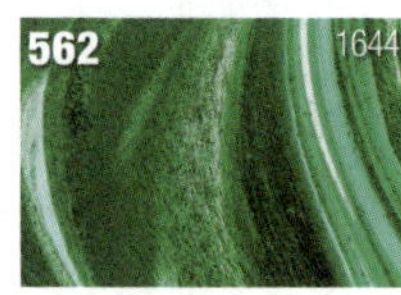

green [griːn=그뤼인]

초록색인 [형] 초록색 [명]

green

ground [graund=그롸운드]

땅바닥 [명]

ground

base [beis=베이스]

기초 [명] 기지 [명]

base

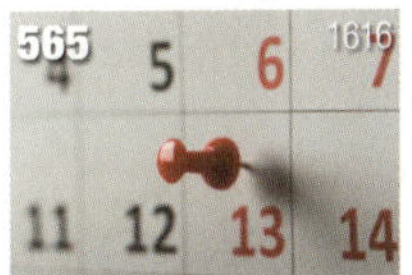

weekend [wíːkènd=위이켄드]

주말 [명]

weekend

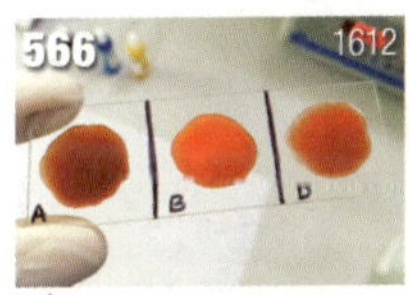

type [taip=타잎]

종류 [명] 타자 치다 [동]

type

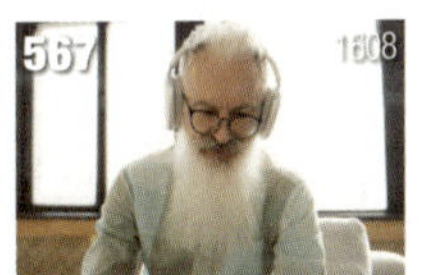

grandfather

[grǽndfàːðər=그랜드파덜] 할아버지 [명]

grandfather

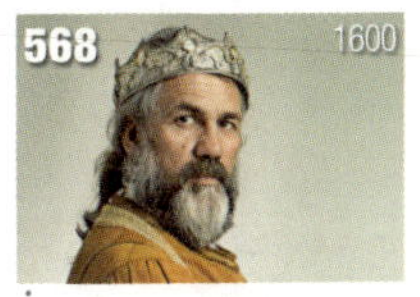

king [kiŋ=킹]

왕 [명]

king

nose
피노키오의 거짓말 탐지기이자
루돌프의 나침반.

My nose is cold. 내 O는 차갑다.

1

A 코

green
빨간 신호등 앞에서 기다리는
희망의 색.

a green tree 한 OOO 나무

2

B 땅

ground
씨앗이 뿌리내리는 생명의 바탕.

Sit on the ground. 그 O에 앉아라.
비 floor (실내의) 바닥

3

C 기초

base
모든 것의 밑바닥. 가장 튼튼
해야 하는 것. 형용사 형태는
basic(OO적인).

Back to base. OO로 돌아가라.
반 top 꼭대기

4

D 초록색인

weekend

5일의 노동이 낳은 2일의 달콤한 휴식. week(주)의 end(끝).

Happy weekend! 즐거운 OO!

[반] weekday 평일

5

E 종류

type

혈액형부터 성격끼지, 기준에 따라 분류하는 것. 또는 키보드를 치는 행동.

[비] kind (일상적인) 종류

6

F 주밀

grandfather

아버지의 아버지, 엄격함이 사랑으로 숙성된 모습.

[어원] grand(거대한, 웅장한)

[반] grandmother 할머니

7

G 왕

king

왕관이 증명하는 최고의 자리.

The king is old. 그 O은 늙었다.

[반] queen 여왕

8

H 할아버지

22ª 음악 연상 / 세 번 쓰기

영어 ▶ 한글

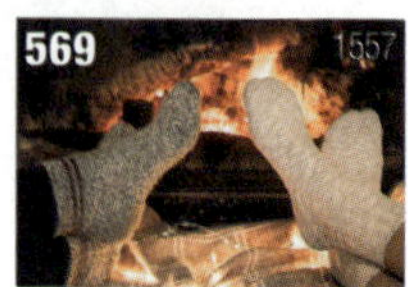

warm [wɔːrm=웜]

따뜻한[형]

warm

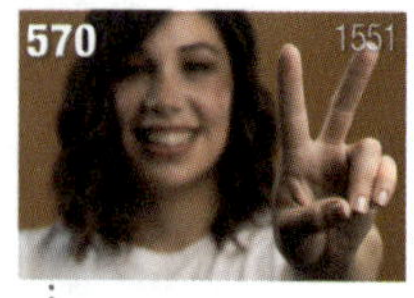

twice [twais=트와이스]

두 번[부]

twice

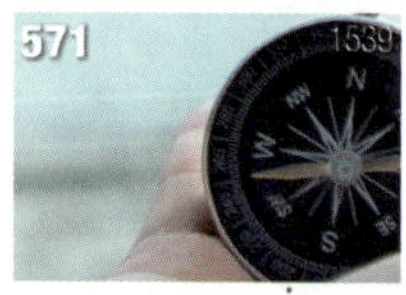

west [west=웨스트]

서쪽[명] 서쪽의[형] 서쪽으로[부]

west

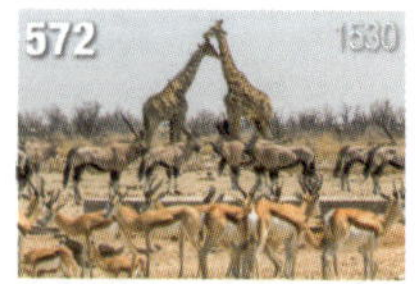

animal [ǽniməl=애니멀]

동물[명]

animal

👁영어▶한글

👂한글▶영어

👁한글▶영어

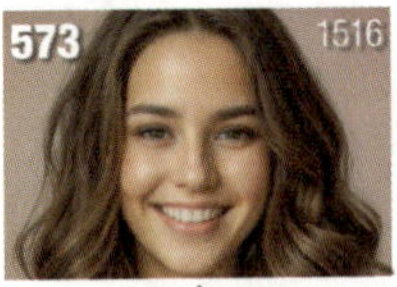

smile [smail=스마일]

웃다[동] 미소[명]

smile

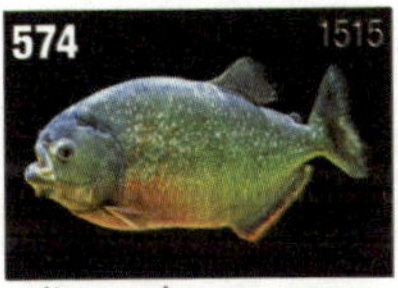

fish [fiʃ=피쉬]

물고기[명]

fish

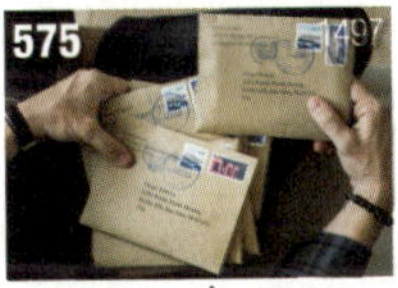

mail [meil=메일]

우편[명]

mail

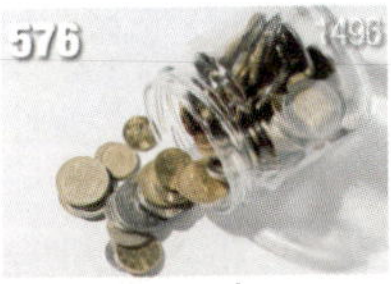

cost [kɔːst=커스트]

비용이 들다[동] 비용[명]

cost

22b 퍼즐 연상

warm
뜨겁지도 차갑지도 않은 사랑의 온도.
a warm day 한 OOO 날
[반] cold 차가운

1

twice
반복이 만드는 습관의 시작점.
Try twice. OO 시도 해봐라.
[비] once 한 번

2

west
동양이 바라본 이질적 문명의 이름.
Go west. OO으로 가라.
[반] east 동쪽

3

animal
말 없이도 소통하고 글 없이도 살아가는 현자.
I like animals. 나는 OO을 좋아해.
[반] plant 식물

4

A 동물

B 따뜻한

C 서쪽

D 두번

smile
만국 공통어로 통역이 필요 없는 평화 조약.

She smiles. 그녀는 OOO.
빤 frown 찌푸리다

5

E 비용이 들다,
비용

fish
비늘 갑옷을 입은 바다 왕국 대표 동물. 여러 마리는 fish를 주로 쓴다(fishes X).

I see a fish. 나는 한 OOO를 본다.

6

F 물고기

mail
우체부가 배달하는 일상의 선물.

Send a mail. 한 OO을 보내라.
비 letter 편지

7

G 우편

cost
무언가를 얻기 위해 치르는 값.

It costs $5. 그것은 5달러만큼 OOO OO.
비 price (판매) 가격

8

H 웃다

bottom [bátm=바틈]

밑바닥명

bottom

church [tʃə́ːrtʃ=쳘취]

교회명

church

cook [kuk=쿡]

요리하다동 요리사명

cook

glass [glæs=글래시]

유리명 유리컵명

glass

👁영어▶한글 👂한글▶영어 👁한글▶영어

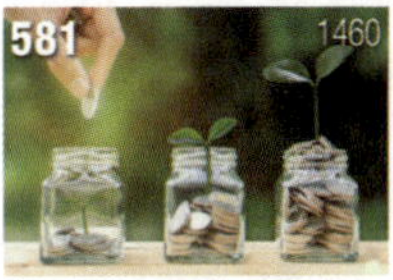
581
1460

bank [bæŋk=뱅ㅋ]

은행[명]

bank

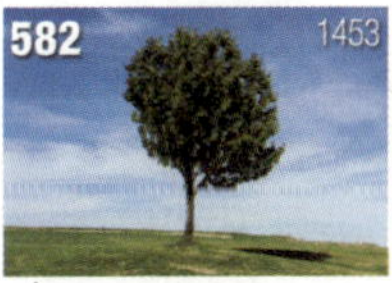
582
1453

tree [triː=트뤼이]

나무[명]

tree

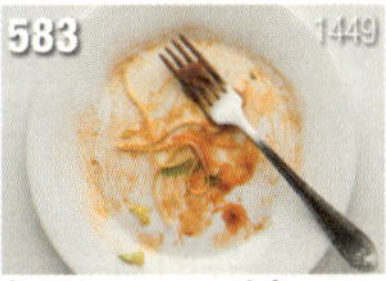
583
1449

hardly [hάːrdli=할들리]

거의 ~하지 않다[부]

hardly

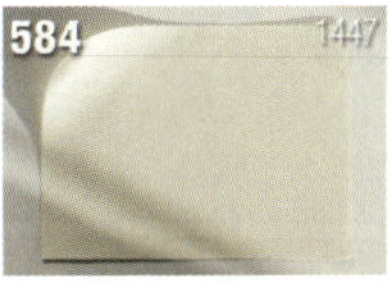
584
1447

page [peidʒ=페이쥐]

쪽[명]

page

bottom

겸손이 시작되고 교만이 끝나는
지점.

at the bottom 그 OOO에 있어.
비 floor (건물의) 바닥, 층
반 top 꼭대기

1

A 교회

church

결혼과 장례, 삶의 시작과 끝을
축복하는 곳.

I go to church. 나는 OO에 가.
비 cathedral 대성당
비 temple 사원

2

B 밑바닥

cook

재료에 사랑을 넣어 그릇에 올
리는 예술.

Cook **dinner.** 저녁을 OOOO.
비 chef (전문적인) 요리사

3

C 유리,
유리컵

glass

창문이 되어 빛을 들이고, 거울
이 되어 나를 비추는 것.

a glass **of water** 물 한 O

4

D 요리하다

bank

돈이 잠자는 곳이자, 이자가 태어나는 곳.

Go to the bank. 그 OO에 가라.

5

E 은행

tree

계절마다 옷을 갈아입는 자연의 패션 모델.

a tall tree 한 큰 OO
비 plant 식물

6

F 거의
~하지 않다

hardly

0과 1 사이에서 줄타기하는 확률의 곡예사.

hardly see OO 보지 OO
비 barely: 겨우
비 scarcely 거의 없이

7

G 쪽

page

생각이 머무는 종이로 만든 작은 방.

Turn the page. 그 O을 넘겨.

8

H 나무

goodbye [gudbái=굳바이]

안녕히 가세요 (작별 인사) 명

goodbye

fresh [freʃ=프뤠쉬]

신선한 형

fresh

trial [tráiəl=트롸이얼]

시도 명 재판 명

trial

radio [réidiòu=뤠이디오우]

라디오 명

radio

art [ɑːrt=알티]

예술⒨

art

condition [kəndíʃən=컨디션]

상태⒨ 조건⒨ <con-together: 함께>

condition

cake [keik=케익(ㅋ)]

케이크⒨

cake

partner [pɑ́ːrtnər=팔트널]

동반자⒨ <er=~하는 것/사람>

partner

goodbye

모든 만남이 언젠가는 말해야
하는 단어.

Say goodbye. OOO OOO를 말해.

비 bye 잘가

1

A 안녕히 가세요

fresh

썩기 전의 완벽함, 익기 전의 가
능성.

fresh fruit OOO 과일

반 rotten 썩은

2

B 라디오

trial

연습이 실전이 되기 전 거치는
마지막 관문. try 명사형이자,
try보다 더 중요한 느낌의 OO.

the first trial 그 첫 번째 OO

3

C 신선한

radio

전파를 타고 날아오는 보이지
않는 소리 친구.

Turn on the radio.
그 OOO를 켜라.

4

D 시도,
재판

art

새로운 세계를 맛보게 하여 현재 세계를 잠시 잊게 해주는 학문, 또는 창조물.

I love art. 나는 OO을 좋아한다.

5

E 케이크

condition

건강과 질병, 행복과 불행을 가르는 기준. 또는 약속이 가능해지는 최소한의 요구.

my car's condition 내 차의 OO

6

F 동반자

cake

기념일마다 등장하는 달콤한 축하의 상징.

Eat cake. OOO를 먹어라.

7

G 예술

partner

일이나 돈의 part(부분)을 갖는 er(사람).

my dance partner 내 춤 OOO
판 rival 경쟁자

8

H 상태,
조건

cup [kʌp=컵]

컵명

cup

bus [bʌs=버스]

버스명

bus

taste [teist=테이스트]

맛이 나다동 맛보다동 맛명

taste

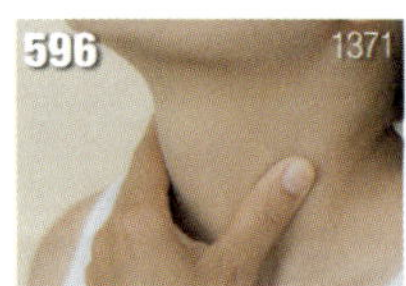

neck [nek=넥]

목명

neck

south [sauθ=싸우뜨]

남쪽⟨명⟩ 남쪽의⟨형⟩ 남쪽으로⟨부⟩

south

nurse [nəːrs=널스]

간호사⟨명⟩

nurse

land [lænd=랜드]

토지⟨명⟩ 착륙하다⟨동⟩

land

group [gruːp=그룹]

집단⟨명⟩

group

cup
일상의 위로를 품은 작은 그릇.
a cup of tea 차 한 O
비 mug 머그잔

1

A 목

bus
놓치면 아쉽고 타면 답답한 현대인의 이동 수단.
Take the bus. 그 OO를 타라.

2

B 맛이 나다,
맛보다,
맛

taste
혀가 느끼는 음식의 영혼.
Taste the soup. 수프를 OOO.
비 flavor 풍미

3

C 컵

neck
머리와 가슴을 잇는 가장 약한 연결 고리.
My neck hurts. 내 O이 아프다.

4

D 버스

south

철새가 찾아가고 노인들이 꿈꾸는 따뜻함의 방향.

Go south. OO으로 가라.

(반) north 북쪽

5

E 토지,
착륙하다

nurse

아픔을 돌보는 것이 직업이 된 현대의 성자.

She is a nurse.
그녀는 한 OOO이다.

6

F 남쪽

land

국가의 시작이자 농부의 희망.

The plane lands.
그 비행기가 OOOO.

(비) ground (물리적인) 땅

(반) take off 이륙하다

7

G 간호사

group

같은 목표를 향해 다른 걸음으로 걷는 사람들.

a big group 한 큰 OO

(비) team (협력해야 하는) OO

8

H 집단

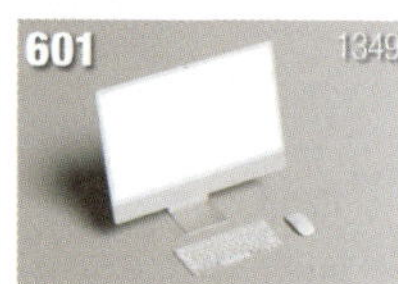

601 1349

computer [kəmpjúːtər=컴퓨털]

컴퓨터 [명] <com=together: 함께>

computer

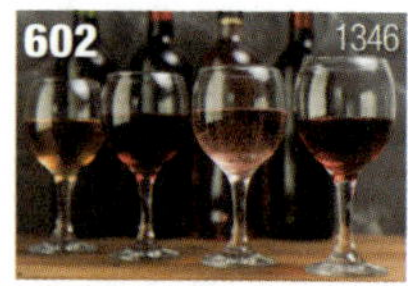

602 1346

wine [wain=와인]

포도주 [명]

wine

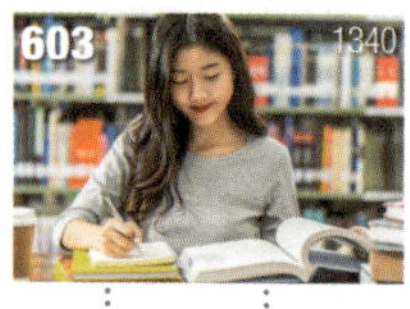

603 1340

study [stʌ́di=ㅅ터디]

공부하다 [동]

study

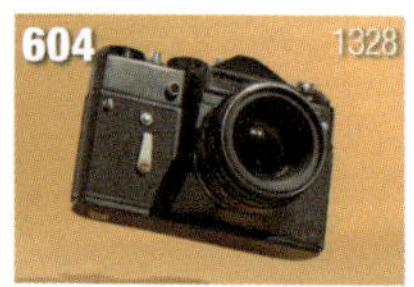

604 1328

camera [kǽmərə=캐머라]

사진기 [명]

camera

nope [noυp=노웊]

아니㉮

nope

pants [pænts=팬츠]

바지㉳

pants

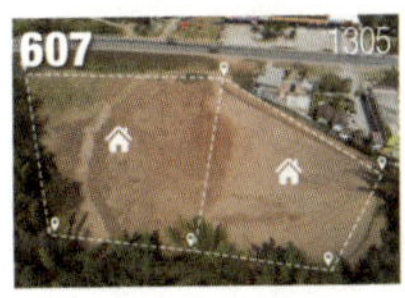

area [éria=에뤼아]

지역㉳

area

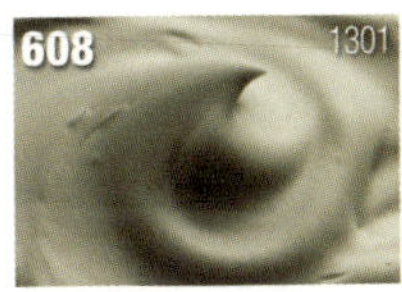

cream [kriːm=크뤼임] [U]

크림㉳

cream

26b 퍼즐 연상

computer

0과 1로 우주를 설명하려는 인간의 야심. 원래는 compute(계산하다)하는 er(물건).

Use a computer.
한 OOO를 사용해라.

1

A 포도주

wine

시간이 포도에게 선물한 두 번째 인생.

Drink wine. OOO를 마셔라.

2

B 공부하다

study

뇌에 주름을 만드는 운동.

Study **math**. 수학을 OOOO.
비 **learn** 배우다

3

C 사진기

camera

빛으로 그림을 그리는 기계의 눈.
Use a camera. OOO를 써라.

4

D 컴퓨터

nope

친근한 거부, 미소 지으며 하는
반대.

Nope, not me. OO, 난 아니다.

반 yep 응

5

E 바지

pants

다리 두 개를 붙여 만든 긴 옷.
그래서 여러 개(-s)로 쓴다.

new pants 새 OO

비 shorts 반바지

6

F 지역

area

힘이 닿는 범위나 장소.

This area is safe.
이 OO은 안전하다.

비 site (경계가 명확한) OO

7

G 크림

cream

달콤함과 느끼함 사이를 걷는
우유의 변신.

Add cream. OO을 더해(넣어)라.

8

H 아니

27a 음악 연상 / 세 번 쓰기

영어▶한글

609 1294

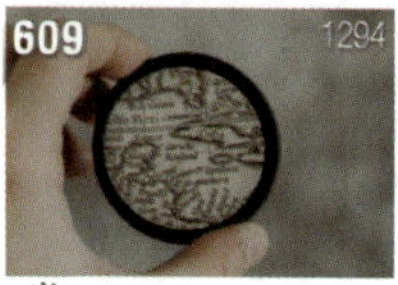

focus [fóukəs=포우커스]

집중하다[동]

focus

610 1292

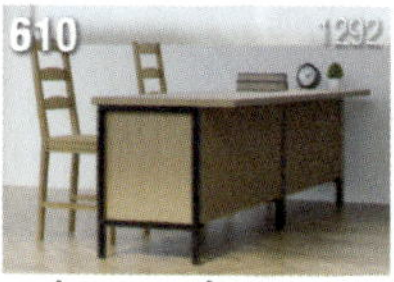

desk [desk=데스크]

책상[명]

desk

611 1274

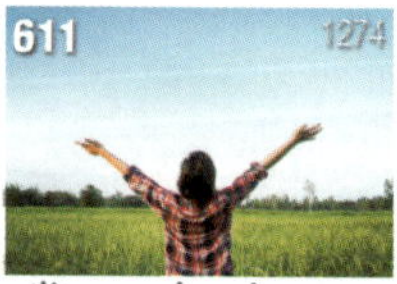

field [fiːld=피일드]

들판[명] 분야[명]

field

612 1272

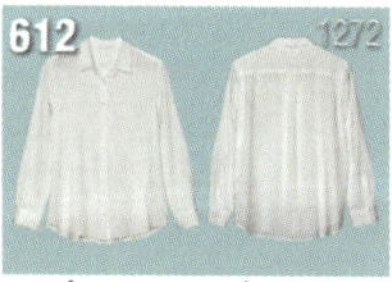

shirt [ʃəːrt=셜트]

셔츠[명] (얇은 윗옷)

shirt

chair [tʃɛər=췌얼]

의자 (명)

chair

hat [hæt=햍]

모자 (명)

hat

wind [wind=윈드]

바람 (명)

wind

ship [ʃip=쉽]

(큰) 배 (명)

ship

focus

렌즈가 빛을 모으듯 정신을 한 곳에 모으는 것.

Focus here. 여기에 OOOO.

[반] distract 산만하게 하다

1

A 집중하다

desk

일과 공부가 일어나는 평평한 나무 무대.

My desk is clean.
내 OO은 깨끗하다.

[비] table 식탁

2

B 셔츠

field

농부의 캔버스이자 계절이 그림을 그리는 곳.

a green field 한 초록 OO

3

C 책상

shirt

몸통과 세상 사이의 얇은 경계.

a white shirt 한 하얀 OO

[반] pants 바지

4

D 들판, 분야

chair

네 다리로 두 다리를 쉬게 하는 물건.

Sit on the chair. 그 OO에 앉아라.

5

E 모자

hat

대머리의 친구이자 햇빛의 적.

Wear a hat. 한 OO를 써라.

비 cap (앞에만 챙이 있는) 모자

6

F 바람

wind

씨앗을 나르고 구름을 조종하는 자연의 일꾼

strong wind 강한 OO

7

G 의자

ship

항구를 떠나야 능력을 보여주는 바다의 이동 수단.

a big ship 한 큰 O

비 boat (작은) 배

8

H 배

영어▶한글

chicken [ʧíkin=취킨]

닭⒨

chicken

sun [sʌn=썬]

태양⒨

sun

bottle [bátl=바틀]

병⒨

bottle

brown [braun=브롸운]

갈색인⒣ 갈색⒨

brown

621 1209

video [vídiòu=비디오우]

영상⁽명⁾ <vid: 보다>

video

622 1209

cousin [kʌ́zn=커즌]

사촌⁽명⁾

cousin

623 1207

dry [drai=드롸이]

마른⁽형⁾

dry

624 1204

twelve [twelv=트웰브]

열둘인⁽형⁾ 열둘⁽명⁾

twelve

chicken

날개는 있지만 날지 못 하는 비극의 새. 세상에서 가장 많이 먹는 고기(연간 1억 3천만 톤).

Eat chicken. O을 먹어라.

1

A 태양

sun

빛의 아버지, 그림자의 어머니.
The sun **is hot.** 그 OO이 뜨겁다.
비 star 별
비 moon 달

2

B 병

bottle

액체를 가둔 감옥.

a bottle **of milk** 우유 한 O

3

C 닭

brown

흙과 나무, 초콜릿과 커피의 색.

a brown **dog** 한 OOO 개

4

D 갈색인

video

움직이는 기억을 담은 디지털 시대의 일기장.

Watch a video. 한 OO를 봐라.

5

E 마른

cousin

명절에만 만나도 어색하지 않은 또래 친구.

My cousin is here.
나의 OO이 여기 있다.

6

F 열둘인

dry

사막의 특징이자 가뭄의 신호.

dry clothes OO 옷
[반] wet 젖은

7

G 영상

twelve

시계가 하루를 나누는 수. 일 년을 달이 나누는 수. 그리고 예수님의 제자의 수.

twelve birds OO 마리 새
[비] dozen 다스 (12개)

8

H 사촌

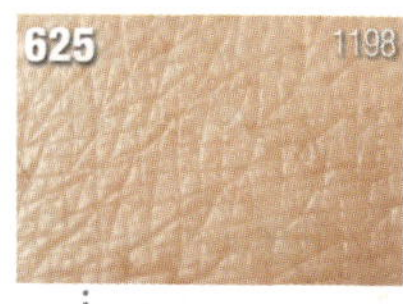

skin [skin=스킨]

피부(명)

skin

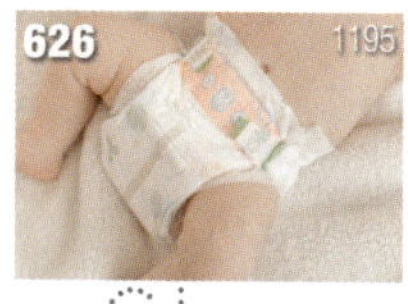

often [ɔ́ːfn=어픈]

자주(부)

often

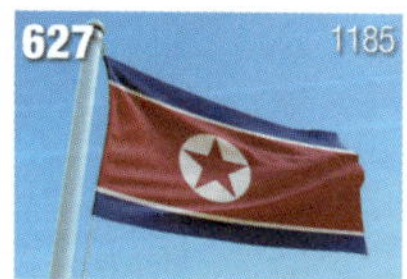

north [nɔːrθ=놀뜨]

북쪽(명) 북쪽의(형) 북쪽으로(부)

north

restaurant

[réstərɑ̀ːnt=뤠쓰터랑트] 식당(명) <re: 다시>

restaurant

629　1166

address [ədrés=어드뤠스]

주소⁽명⁾ <ad=to: ~를 향해>

address

630　1164

film [film=필름]

영화⁽명⁾ 필름⁽명⁾

film

631　1154

corner [kɔ́ːrnər=콜널]

모퉁이⁽명⁾ <er: ~하는 사람/**물건**>

corner

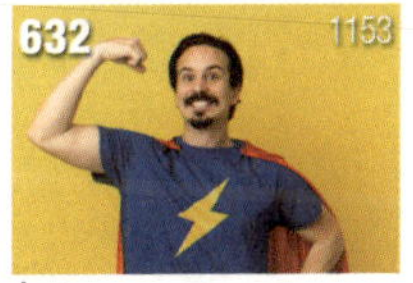

632　1153

hero [híːrou=히이로우]

영웅⁽명⁾

hero

skin

색으로 차별 받고 주름으로 나이를 말하는 몸의 보호막.

soft skin 부드러운 OO

1

A 자주

often

많지만 지겹지 않은 정도의 횟수. often의 t는 주로 묵음이다.

I often run. 나는 OO 달린다.
비 frequently 빈번히

2

B 식당

north

산타가 살고 오로라가 춤추는 방향.

Go north. OOOO 가라.
반 south 남쪽

3

C 피부

restaurant

요리사의 예술과 손님의 평가가 만나는 무대. 먹어서 re(다시) 체력을 staur(=stand,세우다)하는 곳.

Go to a restaurant. 한 OO에 가라.
비 diner 간이 식당

4

D 북쪽

28b정답 1C 2A 3B 4D / 5G 6H 7E 8F

address
편지가 찾아오고 택배가 도착하는 위치의 암호.
어원 ad(~를 향해) + direct(지시하다)
What's your address?
네 OO가 뭐야?

5

E 영웅

film
감독의 눈으로 세상을 다시 보게 하는 시간 예술. movie보다 고급스럽게 일컫는 OO.

6

F 영화

corner
막다른 곳이자 새로운 방향의 시작점. corn(뿔)처럼 뾰족한 길.
Turn the corner.
그 OOO를 돌아라.

7

G 모퉁이

hero
평범함을 거부하고 위험을 선택한 용기의 다른 이름.
He's my hero. 그는 나의 OO이다.
반 villain 악당

8

H 주소

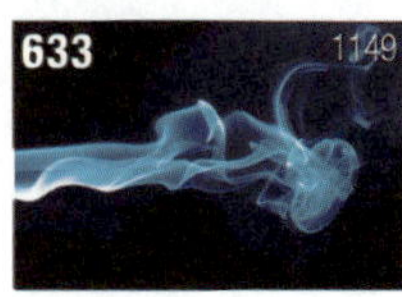

gas [gæs=개s]
기체(명) 휘발유(명)

gas

truck [trʌk=트뤅]
트럭(명)

truck

bear [bɛər=베얼]
곰(명) 낳다(동)

bear

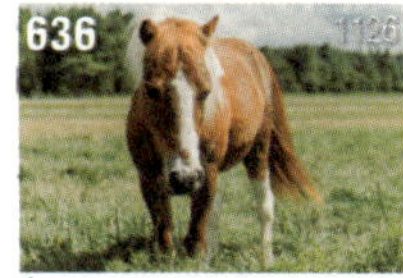

horse [hɔːrs=홀s]
말(명)

horse

project [prádʒekt=프롸줵티]

계획된 일 ⁽명⁾ <pro=forward: 앞으로>

project

beach [biːtʃ=비이취]

해변 ⁽명⁾

beach

gold [gould=고울드] [U]

금 ⁽명⁾

gold

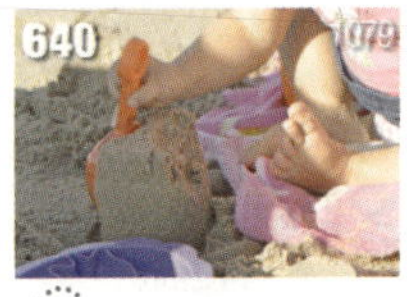

form [fɔːrm=폴옴]

형태 ⁽명⁾ 형성하다 ⁽동⁾ 양식 ⁽명⁾

form

30b 퍼즐 연상

gas

물질의 가장 자유로운 형태. 주로 눈에 보이지 않지만, 냄새로 알 수 있는 존재.

Get some gas. OOO를 넣어라.
🅫 solid 고체

1

A 곰,
낳다

truck

도로의 일꾼, 물건을 나르는 현대의 낙타.

a big truck 한 큰 OO

2

B 트럭

bear

꿀과 생선을 즐기는 미식가.
이름을 부르면 나타날까봐 brown(갈색)이라 부른 게 어원.

Bear this rule in mind.
이 규칙을 마음에 OO(명심해)라.

3

C 말

horse

머리털이 있고, 전쟁을 두려워하지 않는, 용감한 네 발 동물.

Ride a horse. 한 O을 타라.

4

D 기체,
휘발유

project
원하는 미래를 현재로 끌어당기려는 계획이나 설계.

a big project 한 큰 OOO O
[어원] pro(앞으로) + ject(던지다)

5

E 금

beach
조개껍질과 추억을 줍는 여름의 보물창고.

They walked on the beach.
그들은 OO을 걸었다.

6

F 계획된 일

gold
부와 권력, 1등을 상징하는 보석들의 대표.

a gold ring 한 O 반지

7

G 해변

form
채워야 의미가 생기는 빈칸들의 모임.

Fill the form. 그 OO을 작성해라.

8

H 형태, 양식

올트만은 유명한 천재 프로그래머였다. computer 앞에서 하루 종일 코딩만 했다. 철수는 평범한 restaurant에서 chicken을 튀기는 알바생이었다.

어느 날, TalkGTP에서 공고가 났다.

인공지능 개발 대회. 우승자에게 *gold* 트로피와 *10억 cash*!

올트만이 철수를 보며 비웃었다.

"너도 지원할 거야? 너는 computer도 hardly 다룰 줄 모르잖아."

철수가 smile했다.

"나도 해볼게. weekend마다 조금씩 study했거든."

대회 condition은 특이했다. ***3개월간 사람의 감정을 이해하는 프로그램을 만드시오***. 올트만은 자신만만했다. 그는 desk에 앉아 밤새 코딩했다. 반면 철수는 매일 restaurant에서 일하며 손님들을 관찰했다.

"아저씨, 오늘 왜 얼굴이 안 좋아요?"

"우리 grandfather가 돌아가셨어."

"그러셨구나. 이거 서비스예요. warm한 chicken 수프예요."

"고마워. 이런 warm한 마음이 필요했어."

손님이 눈물을 흘렸다.

철수는 매일 이런 대화를 camera로 녹화했다. video가 천 개가 넘었다.

3개월 후 대회 날, 올트만이 먼저 발표했다.

"제 프로그램은 1초에 백만 개의 감정을 분석합니다!"

그러자 심사위원이 물었다.

"아내가 죽은 남자에 대해 어떻게 분석하나요?"

프로그램: 슬픔 지수 87.3%. 위로가 필요합니다.

"숫자로만 말하니 차갑네요."

심사위원이 고개를 저었다.

철수 차례가 왔다.

"제 프로그램은 사실 프로그램이 아니에요."

모두가 놀랐다. 철수가 video를 틀었다. restaurant 손님들의 영상이 나왔다.

"이분들이 제 프로그램이에요. 진짜 사람들의 진짜 반응이죠."

"그럼 어떻게 작동하는 거지?"

"간단해요. 누군가 슬프다고 하면, 비슷한 아픔을 겪은 사람의 영상을 보여줘요."

"그게 무슨 기술이야? 그냥 영상 모음집이잖아!"

올트만이 비웃었다.

"맞아요. 하지만 이게 진짜예요. computer는 위로할 수 없어요. 오직 사람만이 사람을 이해해요."

"아들이 교통사고로 죽은 부모에게는 어떻게 해야 할까요?"

철수의 시스템이 영상을 찾았다. 한 할머니가 나왔다.

"저도 아들을 잃었어요. twelve년 전에. 지금도 아파요. 하지만 그 아이는 하늘에서 제가 행복하기를 바랄 거예요."

심사위원이 울자, 올트만이 항의했다.

"이건 반칙이야! 저것은 기술이 아니잖아!"

"프로그램의 목표가 뭔가요? 사람처럼 되는 거 아닌가요? 그럼 사람 자체를 쓰는 게 가장 완벽한 답 아닐까요? 감정은 계산이 아니라 경험이에요. 제 시스템은 천 명의 경험을 모았어요."

다음날, 심사의원들은 결과를 발표했다.

"우승자는 둘 다입니다! 올트만은 기술의 극한을, 철수는 사람의 본질을 보여줬습니다."

그리고 심사위원장이 제안했다.

"둘이 partner가 되면 어떨까?"

올트만이 철수를 보자, 철수가 손을 내밀며 말했다.

"나는 weekend만 일할 수 있어. 평일엔 restaurant에서 일해야 해."

"왜 그 일을 계속해?"

"거기서 진짜 사람들을 만나니까. 그게 내 연구소야."

1년 후, 그들이 만든 프로그램이 세계를 바꿨다. 이름은 *Warm Glass*, 즉, 따뜻한 거울이란 뜻이다. 한 기자가 물었다.

"어떻게 이런 생각을 하셨나요?"

"우리 grandfather가 'king도 거지도 결국 사람이다'라고 말씀하셨던 덕분에 떠올렸어요."

그리고 올트만이 말했다.

"저는 west 철학을 study했고, 철수는 삶으로 배웠어요. 우리가 만나니 north도 south도 아닌 새로운 길이 생겼죠."

철수는 여전히 restaurant에서 일한다. 올트만은 이제 그곳에서 wine을 마신다.

"오늘 손님이 재미있는 말을 했어."

"뭔데?"

"프로그램이 사람을 이길 수 없는 건, 프로그램은 chicken taste를 모르기 때문이래."

"맞아. taste, nose로 맡는 냄새, warm한 sun, 차가운 wind... 이런 걸 어떻게 코딩해?"

"그래서 우리가 필요한 거야. computer와 사람의 다리 역할."

그때, 어느 노인이 들어왔다. shirt가 낡았고, pants에는 구멍이 있었다.

"저... cream 스파게티 하나만요.. 그런데 cash가 부족한데..."

"걱정 마세요. 제가 사드릴게요. 대신 이야기 하나 들려주세요."

"고마워요. 사실 나는 한때 이 area의 부자였어요. bank도 가지고 있었죠."

노인이 눈물을 글썽이며 말하자, 올트만이 녹음 버튼을 눌렀다.

"이 이야기도 누군가에게 힘이 되겠죠?"

"그럼요. 실패한 hero의 이야기가 often 더 큰 위로가 되죠."

그들의 연구는 계속된다. 한 cup의 차에서, 한 접시의 chicken에서, 한 사람의 이야기에서.

하루는 올트만이 제안했다.

"내일 film 보러 갈래?"

"Nope, 차라리 여기서 진짜 사람들을 보는 게 나아."

Sun이 지자, restaurant은 문을 닫았다. 하지만 매일 새로운 이야기가 생기기에 그들의 연구는 끝나지 않았다. 그들은 computer와 사람 사이, 기술과 감정 사이, north와 south 사이에서 새로운 길을 만들고 있었다.

"올트만아, 우리가 진짜 경주에서 이긴 거 알아?"

"어떤 type의 경주?"

"서로를 이해하는 경주. 그게 제일 difficult한 project였어."

"맞아. 그리고 이제 우리는 twice 더 강해졌어."

올트만이 smile했다.

staff [stæf=스태프]

직원명 지팡이명

staff

sea [siː=씨이]

바다명

sea

bright [brait=브롸잍]

밝은형

bright

queen [kwiːn=쿠인]

여왕명

queen

ugly [ʌ́gli=어글리]

못생긴(형)

ugly

coat [kout=코울(ㅌ)]

외투(명)

coat

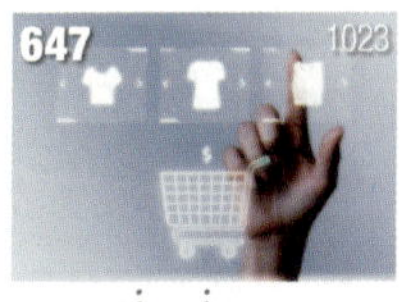

add [æd=애드]

더하다(동) <ad=to: ~를 향해>

add

student [stjúːdənt=스튜던트]

학생(명) <ent: ~하는(형), ~하는 사람(명)>

student

31b 퍼즐 연상

staff
모세의 OOO는 바다를 갈랐고, OO들은 야근에 갈린다.

Ask the staff.
그 OO에게 물어봐라.

1

sea
모든 강이 가고 싶어하는 최종 목적지.

Swim in the sea.
그 OO에서 수영해라.
[반] land 육지

2

bright
에디슨이 지키고 싶었던, 낮에는 당연하고 밤에는 소중한 것.

a bright room 한 OO 방
[반] dark 어두운

3

queen
개미와 벌의 세계에선 절대자, 인간 세계에선 절대자의 아내.

She is a queen.
그녀는 한 OO이다.
[반] king 왕

4

A 밝은

B 여왕

C 바다

D 직원, 지팡이

ugly

겉모습으로 판단하지 말라는 교훈의 주인공.

5

an **ugly** monster 한 OOO 괴물
만 beautiful 아름다운

E 더하다

coat

입으면 겨울, 벗으면 봄이 왔음을 알리는 계절의 신호.

6

a warm **coat** 한 따뜻한 OO

F 못생긴

add

subtract(빼다)와 함께 수학에서 가장 많이 하는 행동.

7

Add two and two. 2와 2를 OOO.
Add sugar to the tea.
차에 설탕을 OOO.

G 학생

student

내일의 주인공이 되기 위해 현재를 배움에게 빼앗긴 자.

8

어원 stud(열중, 노력) + ent(사람)
비 learner 학습자
만 teacher 선생님

H 외투

moon [muːn=문]

달[명]

moon

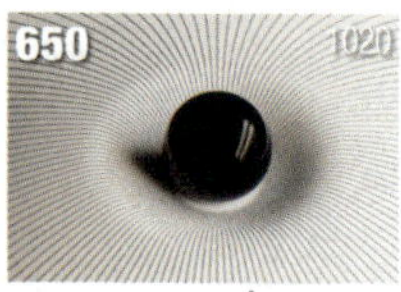

center [séntər=쎈털]

중심[명] <cent: 중심, 100>

center

size [saiz=싸이즈]

크기[명]

size

however [hauévər=하우에벌]

하지만[부]

however

cheese [tʃiːz=취이즈] [U]

치즈^명

cheese

pizza [píːtsa=피짜] [U]

피자^명

pizza

bird [bəːrd=벌드]

새^명

bird

color [kʌ́lər=컬럴]

색깔^명 (=colour 영국식)

color

moon

태양의 빛을 훔쳐 밤을 밝히는 우아한 도둑.

The moon is full.
그 O이 가득 찼다(보름달이다).
⑪ sun 태양

1

A 하지만

center

모든 것에서 같은 거리를 유지하는 균형의 점.

a city center 한 도시 OO
⑪ middle 중간
⑪ edge 가장자리

2

B 달

size

개미에게는 거대하고 코끼리에게는 작은, 어떤 것이 가진 부피의 느낌.

a big size 한 큰 OO

3

C 중심

however

앞에 말한 모든 것을 무효화할 수 있는 강력한 지우개.

I'm tired. However, I'll go. 나는 피곤하다. OOO 나는 갈 것이다.

4

D 크기

cheese

우유가 시간을 만나 얻은 제2의 인생.

I like cheese. 나는 OO를 좋아해.

5

E 색깔

Pizza

이탈리아가 세계에 선물한 둥근 음식.

Eat pizza. OOO를 먹어라.

6

F 새

bird

노래로 영역을 표시하는 하늘의 음악가.

a small bird 한 작은 O.

7

G 치즈

color

빛이 모든 것의 껍데기에 입힌 고유한 모습.

What color is it? 무슨 OO이야?

8

H 피자

33ᵃ 음악 연상 / 세 번 쓰기

heavy [hévi=헤비]

무거운 [형]

heavy

nature [néitʃər=네이쳘] [U]

자연 [명] <ture: 결과, 상태>

nature

jacket [ʤǽkit=재킫]

웃옷 [명]

jacket

above [əbʌ́v=어버브]

~보다 위에 [전] 위로 [부]

above

lesson [lésn=레쓴]

(개별의) **수업**⁽명⁾

lesson

beauty [bjúːti=뷰티]

아름다움⁽명⁾ 미인⁽명⁾

beauty

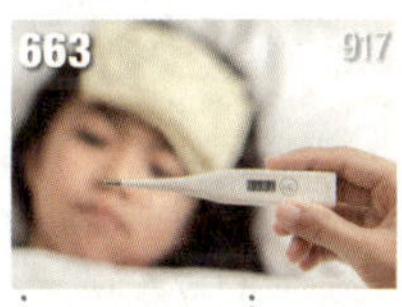

heat [hiːt=히잍(트)]

열⁽명⁾ 더위⁽명⁾

heat

chocolate [tʃɑ́klit=챠클맅] [U]

초콜릿⁽명⁾

chocolate

heavy

중력(땅이 물건을 끌어당기는 힘)이
더 사랑하는 덩어리.

[어원] heave(들어올리다) + y(~한)
a heavy bag 한 OOO 가방
[반] light 가벼운

1

A 자연

nature

인간이 파괴하면서, 한편으로는
그리워하는 모순의 고향.

I love nature.
나는 OO을 좋아한다.

2

B 웃옷

jacket

어깨를 넓게 하고 자신감을 주
는 천의 갑옷.
Wear a jacket. 한 OO을 입어라.

3

C ~보다 위에,
위로

above

기준점을 넘어선 우월한 지점.
Look above. OO 봐라.
Above all, be honest. 무엇 보다(=
모든 것 OO OO), 정직해라.
[반] below 아래에

4

D 무거운

lesson

가르침이라는 포장지에 싸인 경험이나 지식의 조각.

math lesson 수학 OO
비 class 반, OO 전체

5

E 초콜릿

beauty

신께서 주시고 시간이 빼앗아 가는 것.

the beauty of a flower
꽃의 그 OOOO
반 ugliness 추함

6

F 수업

heat

여름이나 찜질방에서 느껴지는 기운.

I feel heat. 나는 OO를 느낀다.
반 cold 추위

7

G 아름다움,
미인

chocolate

사랑의 고백과 위로의 선물이 되는 갈색의 달콤한 음식.

Eat chocolate. OOO을 먹어라.
비 candy 사탕

8

H 열,
더위

energy [énərdʒi=에널쥐] [U]

기운ᵐ 에너지ᵐ

energy

became [bikéim=비케임]

~가 되었다ᵛ (become의 과거 형태)

became

candy [kǽndi=캔디]

사탕ᵐ

candy

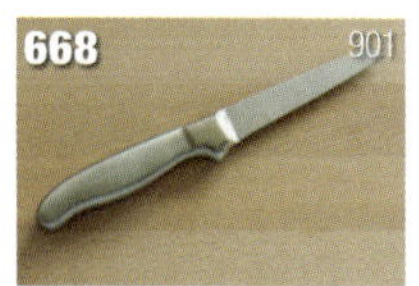

knife [naif=나이프]

칼ᵐ

knife

669 899

fan [fæn=팬]

선풍기(명) 애호가(명)

fan

670 898

speed [spiːd=스피이드]

속도(명)

speed

671 891

milk [milk=밀크] [U]

우유(명)

milk

672 879

rain [rein=뤠인] [U]

비(명) 비오다(동)

rain

energy
눈에 보이지 않지만 모든 것을 움직이는 유령.
I have no energy.
나는 OO이 없다.

1

A ~가 되었다

became
'변신이 이뤄졌음'을 나타내는 말.
He became **a teacher**
그는 한 선생이 OOO.

2

B 사탕

candy
어린이들의 화폐이자 할로윈의 선물.
sweet candy 달콤한 OO
비 sweet 단것

3

C 기운

knife
요리사에게는 붓, 의사에게는 열쇠, 강도에게는 무기.
Use a knife. 한 O을 사용해라.

4

D 칼

fan
바람을 만들어 시원함을 나누는 물건.
Turn on the fan. 그 OOO를 켜라.

5

E 우유

speed
토끼가 거북이에게 자랑하던 것.
fast speed 빠른 OO

6

F 선풍기, 애호가

milk
소가 인간에게 바치는 풍요의 상징.
Drink milk. OO를 마셔라.

7

G 비

rain
농부의 친구이자 소풍의 적.
It's raining
그것(날씨)은 OOO 중이다.

8

H 속도

program [próugræm=프뤄우ㄱ램]

프로그램⁽명⁾ (=programme 영국식)

program

sugar [ʃúgər=슈걸] [U]

설탕⁽명⁾

sugar

meat [miːt=미잍(ㅌ)] [U]

고기⁽명⁾

meat

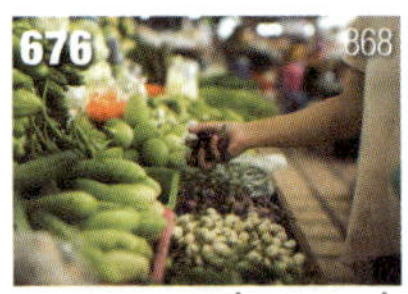

market [máːrkit=말킽]

시장⁽명⁾

market

677 856

brave [breiv=브뤠이브]

용감한⒡

brave

678 854

large [lɑːrdʒ=랄쥐]

큰⒡

large

679 853

prince [prins=프륀스]

왕자⒨ <prin: 첫번째의>

prince

680 851

football [fútbɔːl=풋벌] [U]

축구⒨

football

program

컴퓨터가 읽는 명령의 악보.
<pro=forward:앞으로>

TV program 텔레비전 OOOO

1

A 시장

sugar

salt(소금) 다음으로 모든 요리에 가장 많이 쓰이는 하얀 가루.

Add sugar. OO을 넣어라.

2

B 프로그램

meat

채식주의자는 거부하고 육식주의자는 찬양하는 것.

Cook the meat.
그 OO를 요리해라.
⟨반⟩ vegetable 채소

3

C 설탕

market

필요와 욕망이 돈을 통해 만나는 광장.

Go to the market. 그 OO에 가라.

4

D 고기

brave

두려움을 느끼면서도 앞으로 나아가게 하는 힘.

Be brave. OOO져라.
반 coward 겁쟁이

5

E 큰

large

피자의 그기로는 한영, 여자 옷의 크기로는 외면. big보다 딱딱하고 공손한 느낌.

a large **room.** 한 O 방
반 small 작은

6

F 왕자

prince

시민들 중에서 prin(첫번째의)의 지위를 가진 자.

a young prince 한 어린 OO
반 princess 공주

7

G 축구

football

90분 동안 11명이 foot(발)로 하는 전쟁. 단, 미국과 캐나다에서는 '미식OO'를, 호주와 뉴질랜드에서는 '럭비 (보호구가 없는 일종의 미식 축구)'를 뜻한다.

8

H 용감한

style [stail= 스타일]

방식명 양식명

style

stone [stoun= 스토운]

돌명

stone

friendship [frénʃip= 프뤤슆] [U]

우정명 <ship: 관계, 자격>

friendship

official [əfíʃəl= 어피셜]

공식적인형 공무원명

official

👁 영어 ▶ 한글

👂 한글 ▶ 영어

👁 한글 ▶ 영어

685 812

river [rívər=뤼벌]

강[명]

river

686 810

race [reis=뤠이ㅅ]

경주[명] 인종[명]

race

687 809

lake [leik=레잌(ㅋ)]

호수[명]

lake

688 808

cheap [tʃiːp=취잎]

값싼[형]

cheap

style
유행을 따르면서도 비슷함은 거부하는 모습의 표현 OO.
nice style 멋진 OO
비 fashion 유행, 양식

1

A 우정

stone
메두사를 보면 사람들은 O로 변한다.
a big stone 한 큰 O
비 rock 바위

2

B 방식, 양식

friendship
가족을 제외하고, 유일하게 이득이 없어도 지속되는 관계.
friendship의 d는 주로 발음하지 않는다.
strong friendship 강한 OO

3

C 공식적인, 공무원

official
모두가 알 수 있게 공개적으로 말하거나 약속하는 것.
an official report
한 OOOO 보고서

4

D 돌

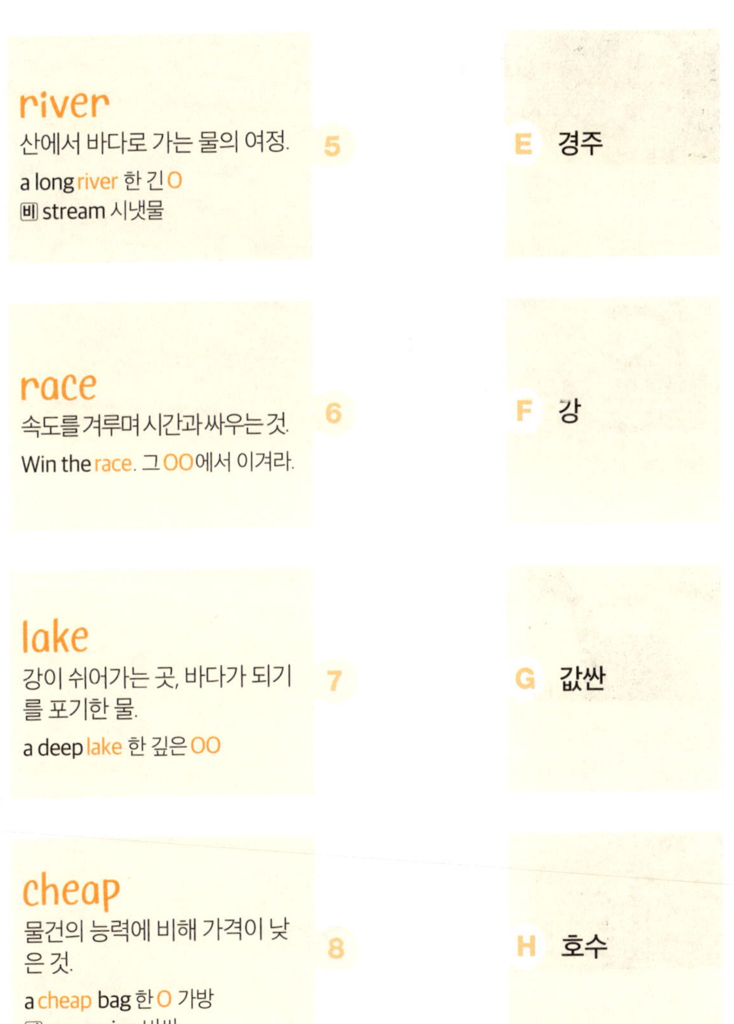

river
산에서 바다로 가는 물의 여정.
a long river 한 긴 O
비 stream 시냇물
5
E 경주

race
속도를 겨루며 시간과 싸우는 것.
Win the race. 그 OO에서 이겨라.
6
F 강

lake
강이 쉬어가는 곳, 바다가 되기
를 포기한 물.
a deep lake 한 깊은 OO
7
G 값싼

cheap
물건의 능력에 비해 가격이 낮
은 것.
a cheap bag 한 O 가방
반 expensive 비싼
8
H 호수

37ª 음악 연상 / 세 번 쓰기

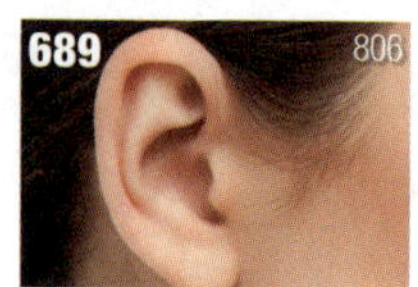

ear [iər=이얼]

귀 ^명

ear

clock [klɑk=클락]

(고정식) 시계 ^명

clock

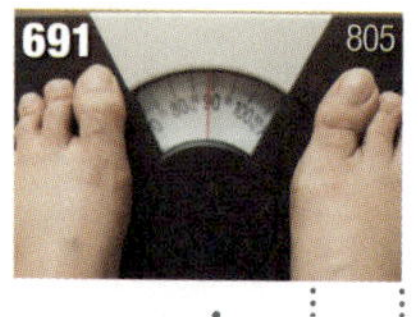

weight [weit=웨잍] [U]

무게 ^명

weight

dráw [drɔː=드뤄]

끌어당기다 ^동 그리다 ^동

draw

693 796

spring [spriŋ=ㅅ프링]

봄명 튀어오르다동 샘명

spring

694 792

score [skɔːr=ㅅ코얼]

점수명

score

695 786

snow [snou=ㅅ노우] [U]

눈명

snow

696 782

monkey [mʌ́ŋki=멍키]

원숭이명

monkey

ear
소리를 잡는 조개 모양 살.
My ear hurts. 내 O가 아프다.

1

A 끌어당기다,
그리다

clock
하루를 24조각으로 나눈 발명품.
Look at the clock. 그 OO를 봐라.
回 watch 휴대용 OO

2

B 시계

weight
지구가 물체를 당기는 힘을 숫자로 바꾼 양.
What's the weight?
OO가 얼마야?

3

C 귀

draw
선 하나로 시작해 세계를 만드는 예술. 펜을 OOOO면서 그림을 OO므로 두가지 뜻을 가진다.
Draw a cat. 고양이를 OOO.
回 pull (힘으로) 당기다

4

D 무게

spring

식물들이 spring(OOOOO) 하는 계절.

Spring is warm. O은 따뜻하다.
⑪ autumn 가을

5

E 눈

score

높으면 자랑, 낮으면 상처가 되는 것.

good score 좋은 OO

6

F 봄,
튀어오르다

snow

하늘이 뿌리는 차가운 꽃잎.
Snow is falling. O이 내리고 있다.

7

G 원숭이

monkey

인간과 가장 닮은 영리한 동물.
a funny monkey 한 웃긴 OOO

8

H 점수

🎧영어 ▶ 한글

bridge [bridʒ=브륃쥐]

다리 ^명

bridge

camp [kæmp=캠프]

야영지 ^명

camp

juice [dʒuːs=쥬스] [U]

주스 ^명

juice

oil [ɔil=오일] [U]

기름 ^명

oil

701 763

doll [dɔl=덜]

인형 ^명

doll

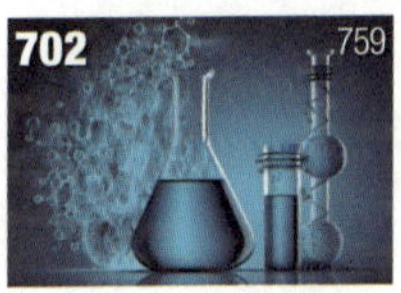

702 759

science [sáiəns=싸이언스] [U]

과학 ^명

science

703 756

pig [pig=픽(ㄱ)]

돼지 ^명

pig

704 753

bike [baik=바익(ㅋ)]

자전거 ^명 오토바이 ^명 <bi=둘>

bike

bridge

이쪽과 저쪽을 이어주는 길.
Cross the bridge.
그 OO를 건너라.

1

A 주스

camp

집을 떠나 자연을 집으로 만드는 임시 거처.
Go to camp. OOO에 가라.

2

B 다리

juice

과일을 으깨 액체로 만든 음료수.
orange juice 오렌지 OO

3

C 야영지

oil

마찰을 줄이는 미끄러운 중재자. 불이 가장 좋아하는 먹이.
Use oil. OO을 사용해라.

4

D 기름

doll

영혼은 없지만 어린이들의 친구.

a cute doll 한 귀여운 OO

5

E 돼지

science

의심하고 증명하기를 반복하며
세상의 비밀을 sci(아는) ence(상태).

science class OO 수업

6

F 과학

pig

진흙 목욕을 즐기고, 쓰레기를
잘 먹는 똑똑한 뚱보.

a pink pig 한 분홍 OO

7

G 인형

bike

bicycle의 줄임말. bi(둘) 개의
cycle(=circle: 원, 바퀴)를 가진 이동
수단.

Ride a bike. 한 OOO를 타라.

8

H 자전거

weather [wéðər=웨덜] [U]

날씨⒨

weather

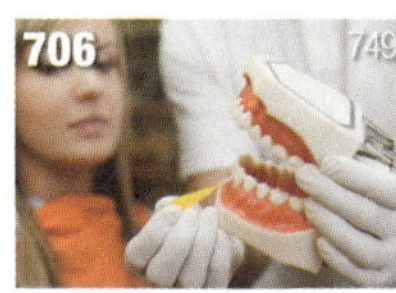

example [igzǽmpl=이그잼플]

예시⒨ <ex=out: 밖으로>

example

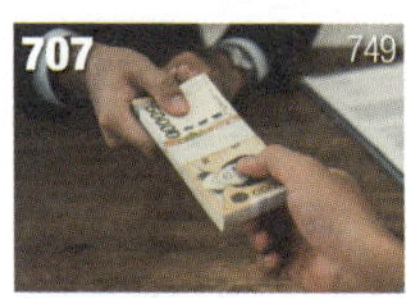

borrow [bárou=바로우]

빌리다⒟

borrow

library [láiːbrəri=라이브뤄뤼]

도서관⒨ <ary: 장소, 사람, 관련된>

library

member [mémbər=멤벌]

구성원⁽명⁾ <er=~하는 것/사람>

member

bone [boun=보운]

뼈⁽명⁾

bone

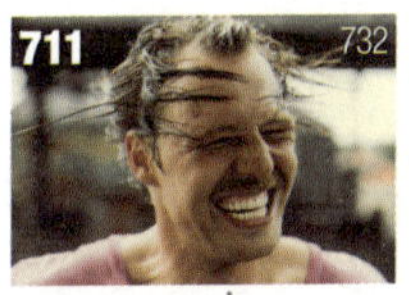

wet [wet=웰]

젖은⁽형⁾

wet

campaign [kæmpéin=캠페인]

캠페인⁽명⁾ (단체로 알리는 활동)

campaign

weather

하늘의 기분이 땅의 하루가 되는 매일의 드라마.

nice weather 좋은 OO

1

A 예시

example

쉽게 알려주려고 전체에서 ex(밖으로) ample(꺼내진) OO.

a good example 한 좋은 OO
I like fruit, for example, apples.
나는 과일을 좋아해, OO를 들면, 사과.

2

B 빌리다

borrow

내 것이 아닌 것을 허락 받고 쓰는 것.

Borrow a pen. 펜을 OOO.
쨉 lend 빌려주다

3

C 날씨

library

책의 호텔이자 독자의 천국.

Go to the library.
그 OOO에 가라.

4

D 도서관

member
집단에 들어간 사람.
family member 가족 OOO

5

E 젖은

bone
개가 특히 좋아하는 음식.
a small bone 한 작은 O

6

F 구성원

wet
물이 남긴 흔적, dry(건조함)의 반
대 상태.
wet clothes OO 옷
㉠ dry 마른

7

G 캠페인

campaign
많은 사람들의 마음을 움직이려
는 설득의 예술.
a new campaign 한 새로운 OOO

8

H 뼈

40a 음악 연상 / 세 번 쓰기

영어▶한글

map [mæp=맵]

지도 명

map

wash [waʃ=와쉬]

씻다 동

wash

travel [trǽvəl=트뤠블]

여행하다 동 여행 명

travel

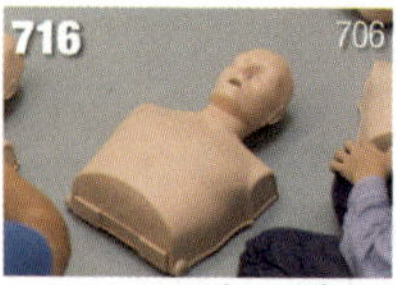

model [mɑ́ːdl=마들]

모형 명

model

soft [sɔːft=써프트]

부드러운⟨형⟩

soft

sky [skai=스카이]

하늘⟨명⟩

sky

likely [láikli=라잌클리]

~할 것 같은⟨형⟩ ~할 것 같이⟨부⟩

likely

east [iːst=이이스트]

동쪽⟨명⟩ 동쪽의⟨형⟩ 동쪽으로⟨부⟩

east

map

3차원 세계를 2차원 종이에 그려 길을 알려주는 것.

Look at the map. 그 OO를 봐라.

1

A 여행하다

wash

더러움을 물로 보내 깨끗하게 하는 것.

Wash your hands.
너의 손을 OOO.
반 dirty 더럽히다

2

B 모형,
본보기

travel

평소 자주 가지 않던 곳에서 추억이나 휴식을 담아 오는 것.

I travel a lot. 나는 자주 OOOO.
비 journey 여정

3

C 지도

model

만들 때의 기준이 되는 OO. 또는 행동의 기준이 되는 OOO.

어원 modulus (척도, 기준)
She's a model. 그녀는 한 OO이다.

4

D 씻다

soft

봄바람, 솜, 구름이 주는 느낌.
hard(딱딱한)의 반대말.

a soft bed 한 OOOO 침대

5

E 동쪽

sky

구름의 무대이자 별의 고향.

blue sky 파란 OO
🔄 **ground** 땅

6

F 하늘

likely

60~80% 정도의 확신.

He will likely be late.
그는 늦O O OO.
🔄 **unlikely** ~하지 않을 것 같은

7

G ~할 것 같은,
~할 것 같이

east

해가 뜨는 곳. 고요한 아침의 나라(한국)가 있는 곳.

Go east. OO으로 가라.
🔄 **west** 서쪽

8

H 부드러운

Moon이 bright한 밤, 헨젤과 그레텔은 집을 나와 계획대로 움직였다. 이미 외워둔 Map의 길을 따라 숲의 center에 있는 candy 집으로 향했다.

"오빠, 마녀가 정말 혼자 살까?"

"Library에서 조사했어. 마녀는 엄청난 부자야. Candy와 chocolate 사업으로 돈을 벌었대."

과자집에 도착하자, 마녀가 나왔다.

"어머, 불쌍한 아이들! 들어와서 pizza라도 먹어라."

"감사해요! 저희 부모님이 우리를 버렸어요. Weather가 추워서 얼어 죽을 뻔했어요."

그레텔의 거짓말에 마녀가 속았다.

아이들을 집으로 들이자 heavy한 문이 닫혔다. 그런데 헨젤이 coat 속에서 서류를 꺼내며 말했다.

"저희는 market 조사 전문 student예요. 할머니 과자는 style이 낡았어요. 요즘 유행을 모르시네요."

"너희가 뭘 안다고..."

헨젤이 노트북을 켰다. Program을 실행했다.

"보세요. East 지역 매출이 떨어지고 있어요. Queen도 이제 할머니 과자는 안 먹어요. Cheese와 meat가 유행이에요. 저희와 동업을 맺으시면 새로운 사업 model을 만들어 드릴게요."

마녀는 고민했다. 사실 매출이 떨어지고 있었다. Prince도 더 이상 주문하지 않았다.

"좋아. However 조건이 있어. 너희가 실패하면 크게 혼날 거야."

3개월 후, 헨젤과 그레텔의 campaign이 시작됐다.

첫 번째: 과자집을 카페로 개조했다. Soft한 음악, 커피 향, bike 주차장까지. 젊은이들의 성지가 되었다.

두 번째: 온라인으로 홍보했다. *'Ugly**한 마녀? 아니! Beauty 전문가 마녀님의 다이어트 chocolate!'* Fan이 10만 명이 되었다.

세 번째: Science를 활용한 신메뉴를 개발했다. Oil 대신 공기로 튀긴 과자. Bone의 건강에 좋은 milk 음료. Energy 바에 비타민 함유.

Spring이 되자 매출이 10배가 되었다. Snow처럼 하얀 연유 빙수 신제품이 대박이 났다. Race하듯 빠르게 성장했다. 마녀가 놀랐다.

"Score가 이렇게 높다니! 너희 정체가 뭐야?"

"저희 아빠가 누군지 아세요?"

"설마…"

"맞아요. 이 숲의 official 지주예요. 아빠가 저희를 일부러 보낸 거예요. 마녀님이 혼자 외롭게 사신다는 걸 알고 도와드리라고요. Friendship이 필요하다고 생각했죠."

마녀의 눈에서 눈물이 Rain처럼 쏟아졌다.

"50년 만에 처음으로 누군가 날 도와주네."

그때부터 진짜 가족으로 became했다. 마녀는 아이들에게 Juice를 포도주로 바꾸는 법, stone을 금으로 바꾸는 법 등 마법을 가르쳤다. 아이들은 마녀에게 현대 기술을 가르쳤다. 컴퓨터로 draw하는 법, 휴대폰에서 clock 쓰는 법, travel 숙소 예약하는 법 등.

1년 후, 마녀의 과자 회사는 상장했다. 주식을 사려는 사람들이 river를 건너왔다. Lake 근처에 공장을 세우고, Staff를 100명 고용했다.

Football 경기장에서 신제품 발표회를 했다. Monkey처럼 재빠른 직원들이 견본품을 나눠줬다. Bridge 위에 large 광고판을 세웠다. '*Ugly*에서 사랑스러움으로 – 마녀의 부엌' Member가 되면 할인도 해줬다. Borrow 시스템도 만들고, Camp용 도시락도 출시했다.

마녀가 방송에 나와 말했다.

"저를 믿어준 두 아이 덕분에 저도 변했어요."

기자가 헨젤에게 물었다.

"비결이 뭔가요?"

"고정관념을 깨는 거예요. 마녀는 나쁘다? 아이는 순수하다? 다 거짓이에요."

그레텔이 add했다.

"Size와 나이는 중요하지 않아요. 중요한 건 brave한 도전이에요."

이제 숲은 관광지가 되었다. Bird가 노래하고, color가 화려한 꽃이 피었다. Nature와 사업이 조화를 이뤘다. 마녀는 더 이상 아이를 잡아먹지 않았다. 대신 아이들에게 창업 lesson을 해줬다.

"기억하세요, 위기는 기회예요. Wet한 빵도 프렌치토스트로 만들 수 있어요. Cheap한 재료도 아이디어만 있으면 황금이 돼요."

마녀는 이제 혼자가 아니었다. Doll이 아닌 진짜 가족이 생겼다. Pig처럼 먹어도 같이 웃고, heat가 심한 여름도 함께 보냈다. 덕분에 모두가 행복해졌다.

Sky가 맑은 어느 날, 마녀가 말했다.

"내가 세상에서 가장 운 좋은 마녀일 거야."

"우리도 세상에서 가장 운 좋은 아이들이에요."

그들의 과자는 sea를 건너 전 세계로 수출된다. Above 구름을 나는 비행기에도 그들의 과자가 실린다. Jacket 주머니에 하나씩 넣고 다니는 간식이 되었다. Ear에 대고 바스락거리는 포장지 소리가 행복의 소리가 되었다. 포장지에는 이렇게 적혀있다: ***마법 대신 사랑으로 만든 과자.***

41ᵃ 음악 연상 / 세 번 쓰기

721 683

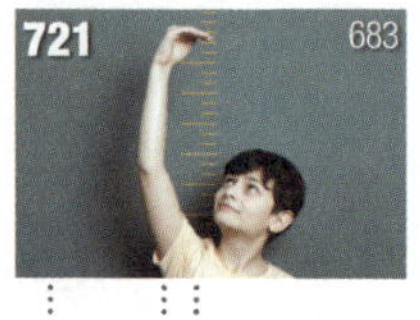

tall [tɔːl=털]

키 큰 ⓗ

tall

722 680

soup [suːp=쑵(프)]

국 ⓜ

soup

723 655

hill [hil=힐]

언덕 ⓜ

hill

724 641

introduce

[ìntrədjúːs=인트뤄듀우스] 소개하다 ⓓ

introduce

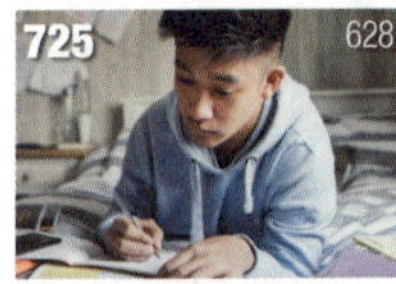

725 | 628

homework
[hóumwə̀rk=호움워크] [U] 숙제명

homework

726 | 612

button [bʌ́tn=버튼]

단추명 비튼명

button

727 | 612

math [mæθ=매뜨] [U]

수학명 (=mathematics, maths)

math

728 | 609

baseball [béisbɔ̀ːl=베이스벌] [U]

야구명

baseball

tall

하늘에 더 가까운 축복받은 높이.

a tall man 한 ○○ 남자
반 short: 키작은

1

A 언덕

soup

배고픔과 추위를 동시에 달래는 국물 요리.

hot soup 뜨거운 ○
비 broth 육수

2

B 키 큰

hill

산이라기엔 낮고 평지라기엔 높은 애매한 땅.

Climb the hill. 그 ○○을 올라라.
반 valley 계곡

3

C 소개하다

introduce

친해지기 전에 자신의
intro(=into: 안으로)로 duce(이끌다)
해서 준비시키는 것.

Introduce your friend.
너의 친구를 ○○○○.

4

D 국

homework

home(집)으로 따라온 학교의 work(일).

Do your homework.
너의 OO를 해라.

5

E 수학

button

옷을 여닫는 작은 문지기 뚜는 그런 모양의 작동 OO.

Press the button.
그 OO을 눌러라.

6

F 야구

math

숫자로 세상을 설명하려는 인간의 야심찬 시도.

Study math. OO을 공부해라.

7

G 단추, 버튼

baseball

투수와 타자의 심리전이 만드는 드라마. 3개의 base(거점)과 홈 base(거점)으로 하는 ball(공)놀이.

Play baseball. OO를 해라.

8

H 숙제

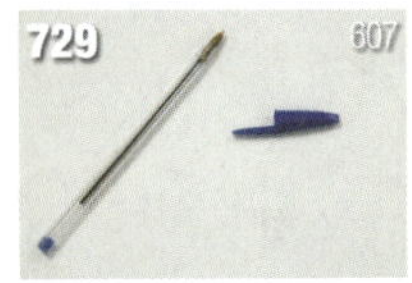

729 | **607**

pen [pen=펜]

펜⒨

pen

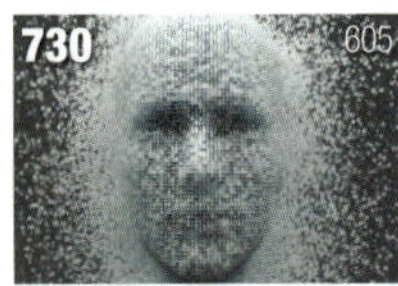

730 | **605**

image [ímidʒ=이미쥐]

인상⒨ 그림⒨

image

731 | **605**

farm [fɑːrm=팜]

농장⒨

farm

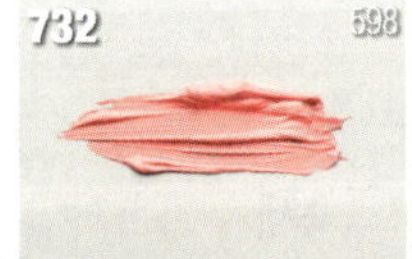

732 | **598**

pink [piŋk=핑크]

분홍색인⒡ 분홍색⒨

pink

👁영어▶한글 👂한글▶영어 👁한글▶영어

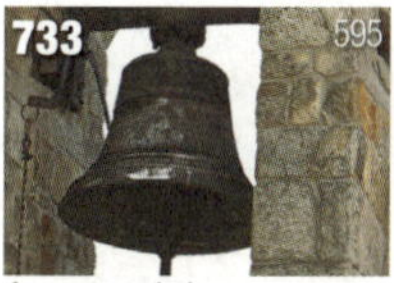
733
595

bell [bel=벨]

종[명]

bell

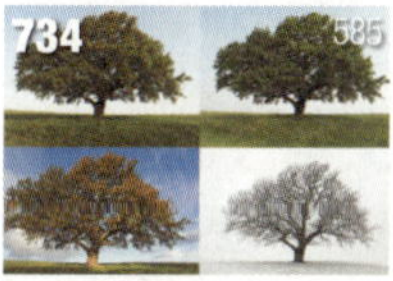
734
585

season [síːzn=씨즌]

계절[명]

season

735
580
11

eleven [ilévn=일레븐]

열하나인[형] 열하나[명]

eleven

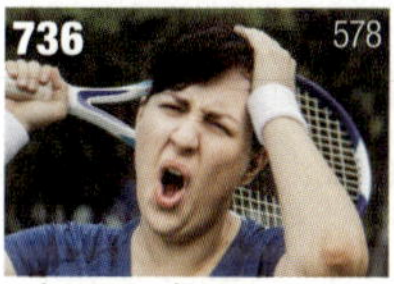
736
578

fail [feil=페일]

실패하다[동]

fail

pen
왕이 쥐면 법이 되고 시인이 쥐면 감동이 되는 도구. 안에는 잉크가 들어있다.

Write with a pen. 한 O으로 써라.
비 pencil 연필

1

A 농장

image
눈으로 들어와 머리에 남게 하는 물건, 또는 그런 느낌.

Show me an image.
한 OO를 보여줘.

2

B 분홍색인

farm
농부가 일하는 들판.

Visit a farm. 한 OO을 방문해라.
반 city 도시

3

C 펜

pink
빨강이 하양을 만나 순해진 색.

a pink flower 한 OOOO 꽃

4

D 인상,
그림

bell

서양에는 주로 교회에서 치는 것, 동양에서는 주로 절에서 치는 것. 또는 학교 수업의 시작과 끝을 알리는 것.

Ring the bell. 그 O을 울려라.

5

E 계절

season

지구가 태양 주위를 돌며 쓰는 네 장의 일기.

Spring is a season.
봄은 한 OO이다.

6

F 열하나인

eleven

빼빼로 데이는 이게 두 개. 고대에 쓰던 12진법의 흔적.

eleven kids OO 명의 아이들

7

G 실패하다

fail

성공으로 가는 과정에서 거의 모든 사람이 겪는 것.

He failed to arrive on time.
그는 제시간에 도착함을 OOOO.
⑪ **succeed** 성공하다

8

H 종

43ª 음악 연상 / 세 번 쓰기

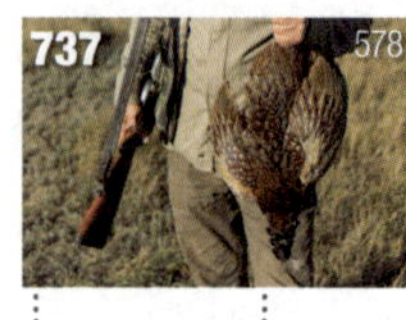

hunt [hʌnt=헌트]

사냥하다[동]

hunt

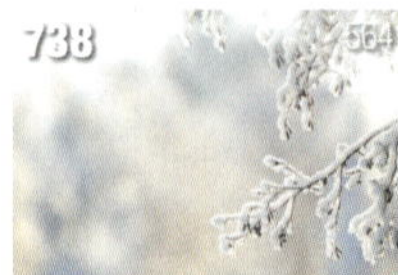

winter [wíntər=윈터]

겨울[명]

winter

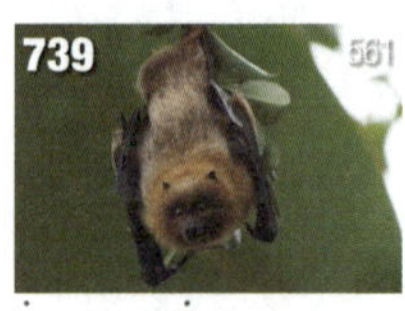

bat [bæt=뱉]

박쥐[명] 방망이[명]

bat

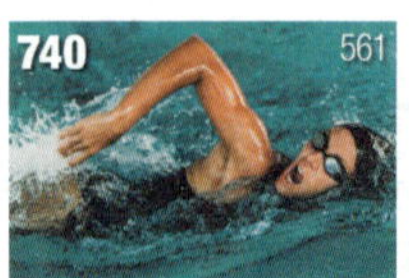

swim [swim=스윔]

수영하다[동]

swim

👁영어▶한글 👂한글▶영어 👁한글▶영어

741 558

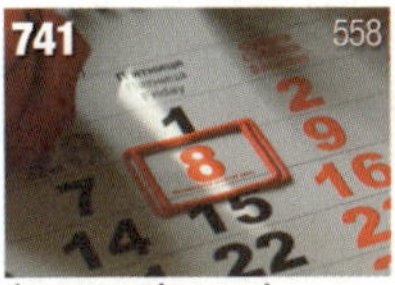

holiday [hɑ́ːlədèi=할러데이]

휴일[명]

holiday

742 555

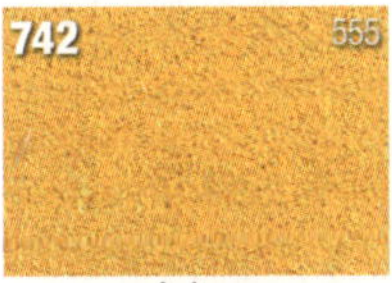

yellow [jélou=옐로우]

노란색인[형] 노란색[명]

yellow

743 554

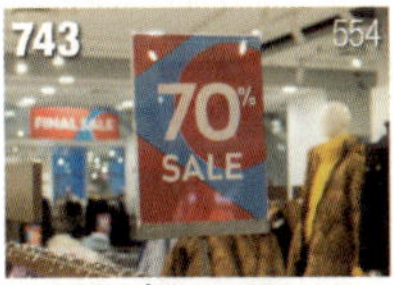

sale [seil=쎄일]

판매[명] 할인 판매[명]

sale

744 551

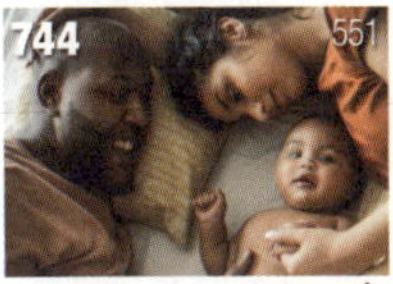

parent [pérənt=페런ㅌ]

부모[명] <ent: ~하는, **~하는 사람**>

parent

hunt

목표를 잡기 위해 끈질기게 쫓아가는 것.
Hunt a rabbit. 토끼를 OOOO.

1

A 겨울

winter

크리스마스와 눈이 있는 계절.
Winter is cold. OO은 춥다.
〈반〉 summer 여름

2

B 박쥐,
방망이

bat

캄캄한 곳과 거꾸로 매달리기를 좋아하는 새.
a baseball bat 한 야구 OOO

3

C 사냥하다

swim

수면에 떠서 물고기를 흉내내는 운동.
I swim fast. 나는 빨리 OOOO.

4

D 수영하다

holiday

달력에 빨간색으로 표시된 자유의 날.

어원 holy(성스러운) + day(날)
Today is a holiday.
오늘은 한 OO이다.

5

E 판매,
할인 판매

yellow

병아리와 개나리가 선택한 새 깔.

a yellow hat 한 OOOO 모자

6

F 부모

sale

물건과 돈이 교환되는 것. 또는 교환 되도록 값을 낮추는 것.

a big sale 한 큰 OO OO

7

G 노란색인

parent

희생이 기쁨이 되는 유일한 자격.

My parent is kind.
나의 OO는 친절하다.
반 child 자녀

8

H 휴일

wood [wud=우드] [U]

목재⒨

wood

classic [klǽsik=클래식]

고전의⒠ (오래된 명작의) 책/음악⒨

classic

adult [ədʌ́lt=어덜티]

어른⒨ <ad=to: ~를 향해>

adult

sandwich [sǽndwitʃ=샌드위치]

샌드위치⒨

sandwich

garden [gáːrdən=갈든]

정원⒨

garden

clever [klévər=클레벌]

영리한⒣

clever

mountain [máuntn=마운튼]

산⒨

mountain

newspaper

[njúːzpèipər=슈ㅅ페이펄] 신문⒨

newspaper

44b 퍼즐 연상

wood

숲의 주인들을 종이, 가구, 집, 연료 등으로 쓸 수 있도록 잘라 놓은 것.

비 tree (살아있는) 나무
비 timber (가공된) 목재

1

A 샌드위치

classic

시간이 검증한 영원의 자격증.

a classic book 한 OOO 책
반 modern 현대적인

2

B 목재

adult

선택의 자유와 결과의 책임을 동시에 져야 하는 신분.

어원 ad(to: ~로, ~까지) + altus(자란)
He is an adult. 그는 한 OO이다.
반 child 어린이

3

C 고전의

sandwich

백작이 도박을 더 하고 싶어서, 간편하게 만든 식사. 현대의 서민 점심.

Make a sandwich.
한 OOOO를 만들어라.

4

D 어른

43b정답 1C 2A 3B 4D / 5H 6G 7E 8F

garden
자연을 길들여 만든 인공 낙원.
a flower garden 한 꽃 OO

5

E 산

clever
smart(똑똑함)이 wise(지혜)로 가는 중간 정거장.
a clever idea 한 OOO 생각
[반] stupid 어리석은

6

F 정원

mountain
나무와 바위가 만든 자연의 성.
Climb the mountain.
그 O을 올라라.

7

G 신문

newspaper
아침마다 배달되는 불행과 희망의 소식 모음.
Read the newspaper.
그 OO을 읽어라.

8

H 영리한

egg [eg=에그]

달걀^명

orange [ɔ́ːrindʒ=어륀쥐]

오렌지^명

toy [tɔi=토이]

장난감^명

delicious [dilíʃəs=딜리셔스]

맛있는^형

👁영어▶한글 👂한글▶영어 👁한글▶영어

757 510
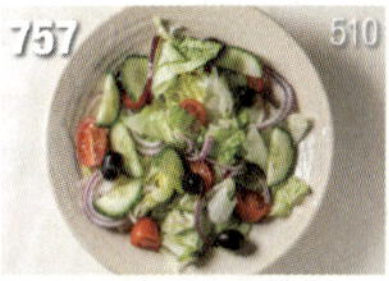

salad [sǽləd=쌜럳]

샐러드[명]

salad

758 510
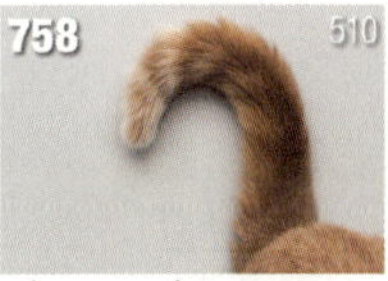

tail [teil=테일]

꼬리[명]

tail

759 509
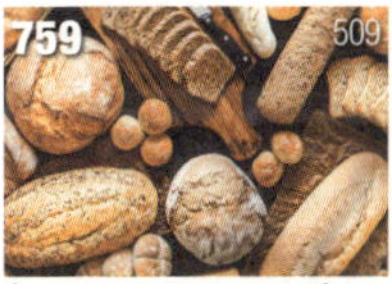

bread [bred=ㅂ뤠ㄷ] [U]

빵[명]

bread

760 509
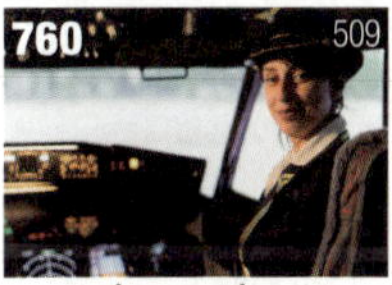

pilot [páilət=파일럳]

조종사[명]

pilot

egg
깨트릴 때 운명이 결정되는 새들의 꿈.
a boiled egg 한 삶은 OO

1

A 장난감

orange
이름이 곧 색깔이 된 유일한 과일.
orange juice OOO 쥬스

2

B 달걀

toy
어른이 만들고 아이가 영혼을 불어넣는 놀이 도구.
play with toys
OOO 가지고 놀아라.

3

C 오렌지

delicious
혀가 느끼는 행복의 표현.
This is delicious. 이것은 OOO.
비 yummy 맛나는

4

D 맛있는

salad

익히지 않은 여러 채소를 소스
에 섞어 먹는 것.
Eat salad. OOO를 먹어라.

5

E 샐러드

tail

동물들의 솔직한 감정을 표현하
는 부위.
a cat's tail 한 고양이의 OO
🔄 head 머리

6

F 빵

bread

가난한 자의 배를 채우고 부자
의 다이어트를 방해하는 음식.
I eat bread. 나는 O을 먹는다.

7

G 꼬리

pilot

기계 새를 조종하는 하늘의 운
전 기사.
The pilot flies to New York.
그 OOO는 뉴욕으로 비행한다.

8

H 조종사

apple [ǽpl=애플]

사과⁽명⁾

apple

internet [íntərnèt=인털넽] [U]

인터넷⁽명⁾ <inter=서로, 사이에>

internet

duck [dʌk=덕]

오리⁽명⁾

duck

fruit [fruːt=프룯(트)]

과일⁽명⁾

fruit

👁영어▶한글 👂한글▶영어 👁한글▶영어

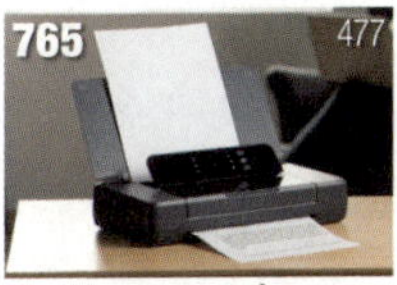
765
477

print [print=프륀ㅌ]

인쇄하다[동]

print

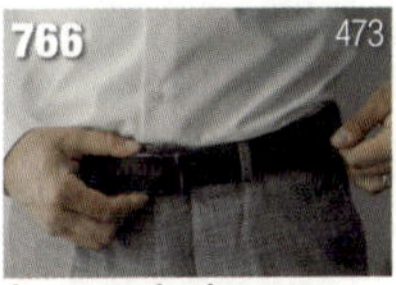
766
473

belt [belt=벨ㅌ]

허리띠[명]

belt

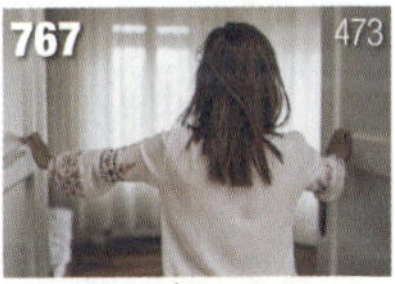
767
473

enter [éntər=엔털]

들어가다[동]

enter

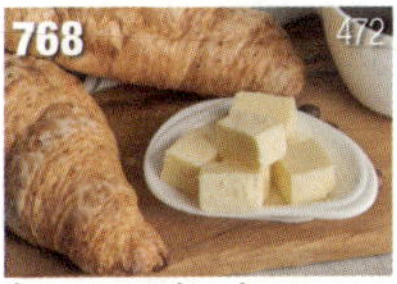
768
472

butter [bʌ́tər=버털] [U]

버터[명]

butter

apple

뉴턴의 머리를 때려 중력을 가르친 교육자. 또는 스티브 잡스가 만든 전자기기 회사.

a red apple 한 빨간 OO

1

A 인터넷

internet

net(거미줄)처럼 세계를 연결한 보이지 않는 정보를 inter(서로 교환)하는 곳.

Use the internet.
그 OOO를 사용해라.

2

B 과일

duck

집에 가는 길을 잊지 않는 똑똑한 새.

a yellow duck 한 노란 OO

3

C 오리

fruit

꽃이 맺은 약속을 지킨 달콤한 결실.

Eat fruit. OO을 먹어라.

4

D 사과

print

지식을 대량으로 복사하는 마법.
5
Print the page.
그 페이지를 OO해라.

E 버터

belt

바지가 흘러내리지 않도록 배꼽
6
과 골반 사이에 묶는 긴 끈.
a black belt 한 검은 OOO

F 들어가디

enter

밖에서 안으로 이동하는 것.
7
Enter the room. 그 방에 OOOO.
[반] exit 나가다

G 인쇄하다

butter

빵의 가장 친한 친구이자 다이
8
어트의 적. 느끼함의 상징.
Add butter. OO를 넣어라.

H 허리띠

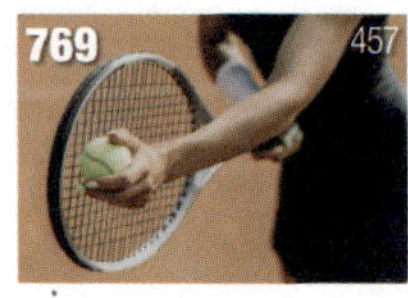

tennis [ténis=테니스] [U]

테니스[illegible]명

tennis

cow [kau=카우]

소⁽명⁾

cow

plastic [plǽstik=플래스틱] [U]

플라스틱⁽명⁾ 성형의⁽형⁾

plastic

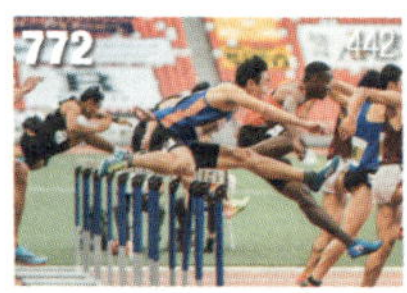

sport [spɔːrt=스폴트]

운동 경기⁽명⁾

sport

basketball

[bǽskitbɔ̀ːl=배ㅅ킽벌] [U] 농구(명)

basketball

circle [sɚ́ːrkl=썰클]

원(명)

circle

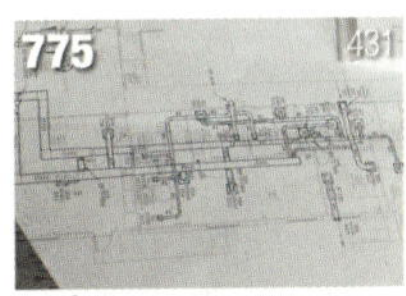

design [dizáin=디자인]

설계(명) 설계하다(동) <de=down: 아래로>

design

telephone [téləfòun=텔러포운]

전화(명) <tele=far: 멀리>

telephone

tennis

신사들의 조용하면서도 격렬한 운동.

Play tennis. OOO를 해라.

1

A 소

cow

인간에게 힘, 우유, 고기를 준 동물계의 자선 사업가.

a big cow 한 큰 O

2

B 운동 경기

plastic

석유의 자식이자 바다의 적.

a plastic **cup** 한 OOOO 컵
plastic **surgery** OO 수술

3

C 테니스

sport

육체의 한계를 시험하는 무대.

I like sports.
나는 OO OO를 좋아해.

4

D 플라스틱, 성형의

basketball

basket(바구니)에 ball(공)을 넣는 키가 클수록 유리한 운동.
Watch basketball. OO를 봐라.

5

E 전화

circle

모든 점이 중심에서 같은 거리인 도형.
Draw a circle. 한 O을 그려라.

6

F 원

design

de(아래)로 sign(표시)하며 문제를 해결하면서, 눈도 즐겁게 하는 예술.
a cool design 한 멋진 OO

7

G 설계

telephone

번호만 알면 지구 반대편과도 연결되는 현대의 텔레파시.
Use the telephone. 그 OO를 사용해라.

8

H 농구

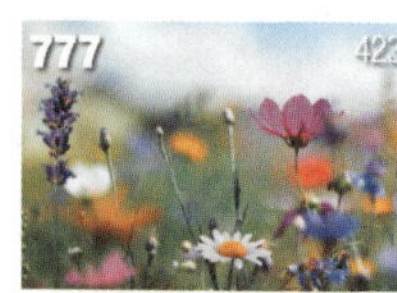

flower [fláuər=플라월]

꽃 명

flower

goal [goul=고울]

골 명 목표 명

goal

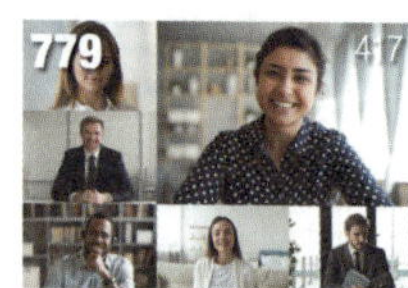

international

[ìntərnǽʃənəl=인털내셔널] 국제적인 형

international

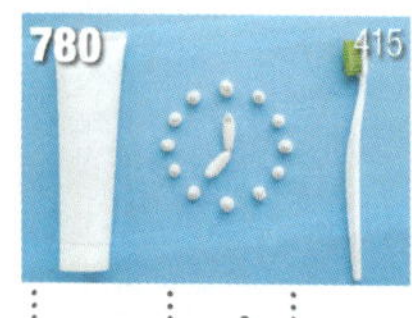

habit [hǽbit=해빝]

습관 명

habit

영어▶한글 한글▶영어 한글▶영어

781 409
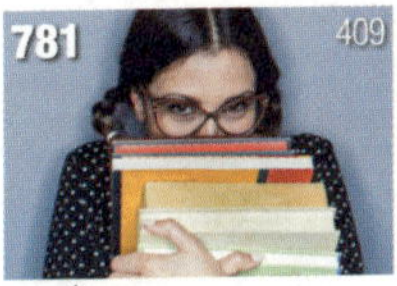

shy [ʃai=샤이]

수줍은[형]

shy

782 408
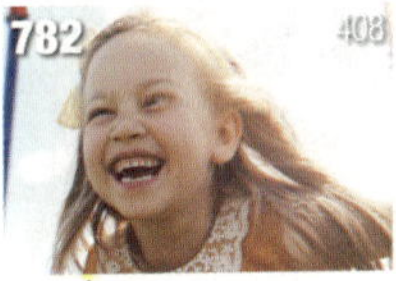

pleasant [pléznt=플레즌트]

즐거운[형]

pleasant

783 407
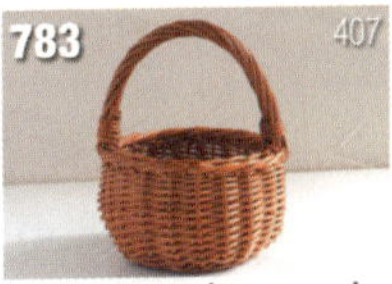

basket [bǽskit=배스킽]

바구니[명]

basket

784 398
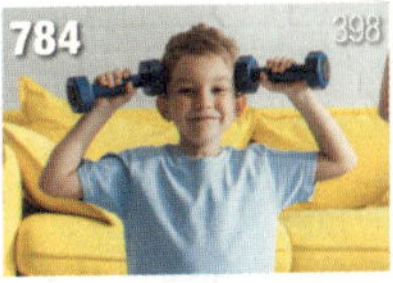

exercise [éksərsàiz=엑썰싸이즈]

운동하다[동] <ex=out: 밖으로>

exercise

flower

신께서 식물을 통해 보여주시는 아름다움의 조각.

a red flower 한 빨간 O

1

A 국제적인

goal

축구에서는 득점, 인생에서는 성취가 되는 것.

My goal is to learn English.
나의 OO는 영어를 배우는 것이다.

2

B 습관

international

언어와 문화가 섞이는 지구촌의 만남. nation(국가)들 inter(=서로, 사이)에서 일어나는 것.

an international student
한 OOOO 학생

3

C 꽃

habit

좋으면 미덕, 나쁘면 중독됐다고 불리는 행동.

a good habit 한 좋은 OO

4

D 골, 목표

47b정답 1C 2A 3D 4B / 5H 6F 7G 8E

shy
붉어지는 뺨으로 작아지는 마음을 드러내는 감정.
I'm shy. 나는 OOO.
[반] bold 대담한

5

E 운동하다

pleasant
몸과 마음을 미소 짓게 하는 편안한 기분.
pleasant memory OOO 기억
[반] unpleasant 불쾌한
[비] please 기쁘게 하다

6

F 수줍은

basket
비우면 가볍고 채우면 든든한 장볼 때의 필수품.
a fruit basket 한 과일 OOO

7

G 바구니

exercise
게으름을 없애고, 정신에 생기를 주는 최고의 보약. arcere(가두다)의 ex(밖)에서 하는 일과 OO.
I exercise every morning.
나는 매일 아침 OOOO.

8

H 즐거운

49ₐ 음악 연상 / 세 번 쓰기

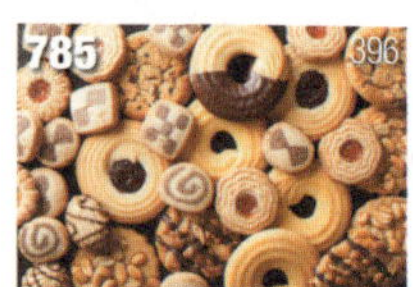

cookie [kúki=쿠키]

쿠키[명] (=cooky, 옛말체)

cookie

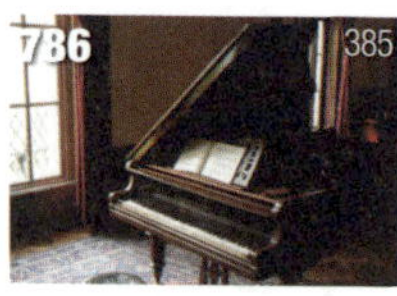

piano [piǽnou=피애노우]

피아노[명]

piano

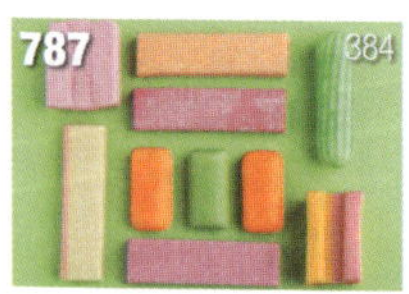

gum [gʌm=검]

껌[명] 잇몸[명]

gum

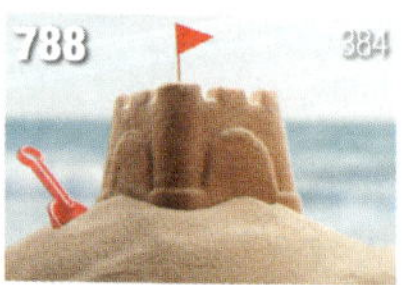

sand [sænd=쌘드] [U]

모래[명]

sand

789 · 383

below [bilóu=빌로우]

~보다 아래에^전 아래에^부

below

790 · 379

beef [biːf=비이프] [U]

소고기^명

beef

791 · 377

salt [sɔːlt=썰트] [U]

소금^명

salt

792 · 376

collect [kəlékt=컬렉트]

수집하다^동 <col=com: 함께>

collect

cookie

우유와 만나면 천국이 되는 둥근 달콤함.

Eat a cookie. 한 OO를 먹어라.

1

A 피아노

piano

88개의 흑백이 만드는 무한한 색깔.

Play the piano. OOO를 쳐라.
비 keyboard 건반 악기

2

B 쿠키

gum

입이 심심할 때 찾는 턱의 운동 기구. 또는 치아를 붙잡고 있는 단단한 살.

Chew gum. O을 씹어라.

3

C 껌,
잇몸

sand

육지와 바다가 공유하는 수많은 작은 조각.

Play in sand. OO에서 놀아라.
반 rock 바위

4

D 모래

below

위를 올려다봐야 하는 곳, 빙산
의 보이지 않는 곳.

Look below. OOO 봐라.
빤 above ~보다 위에, 위로

5

E 모으다

beef

소가 남긴 마지막 선물.

Cook beef. 한 OOO을 요리해라.

6

F 소고기

salt

음식의 영혼을 깨우는 작은 마
법사.

Add salt. 한 OO을 넣어라.

7

G ~보다 아래에,
아래에

collect

수집가들이 주로 하는 행동.

Collect cards. 카드들을 OOO.

8

H 소금

fox [faks=팍스]

여우[명]

fox

climb [klaim=클라임]

오르다[동]

climb

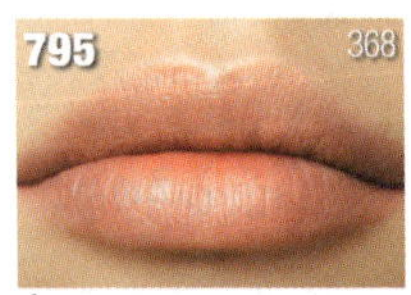

lip [lip=맆]

입술[명]

lip

zoo [zuː=주]

동물원[명]

zoo

797 · 357

drawer [drɔ́ːər=드로얼]

서랍 몡 <er=~하는 것/사람>

drawer

798 · 356

jam [ʤæm=잼]

잼 몡

jam

799 · 354

beside [bisáid=비싸이드]

~의 옆에 졘

beside

800 · 348

mouse [maus=마우쓰]

쥐 몡

mouse

fox
개와 고양이가 섞인 듯한 신기한 동물. 독특한 웃음 소리와 풍성한 꼬리가 매력 포인트.

a red fox 한 빨간 OO

1

A 여우

climb
높이를 정복하는 근육의 노래.

Climb a tree. 한 나무를 OOO.

2

B 입술

lip
진실과 거짓이 통과하는 마지막 검문소.

Her lips are red.
그녀의 OO은 빨갛다.

3

C 동물원

zoo
아이들의 첫 세계 여행이자 동물들의 감옥.

Go to the zoo. 한 OOO에 가라.

4

D 오르다

drawer

추억과 잡동사니가 평화롭게 숨어있는 나무 상자.

Open the drawer.
그 OO을 열어라.

5

E 쥐

jam

과일이 설탕을 만나 빵의 친구로 변신한 것.

grape jam 포도 O

6

F 서랍

beside

마주보는 것보다 더 가까운 동행의 위치.

Sit beside me. 나O OO 앉아라.

7

G ~의 옆에

mouse

벽 속을 뛰어다니는 밤의 소음. 또는 컴퓨터 키보드의 단짝.

a small mouse 한 작은 O

8

H 잼

토끼와 거북이 관련 단원 41-50

토끼는 이 마을 최고의 달리기 선수였다. 매일 mountain을 오르내리며 exercise했다. 거북이는 마을의 치즈 공장에서 일하는 평범한 직원이었다. 느리지만 pleasant한 성격으로 모두에게 사랑받았다.

어느 winter 날, 마을에 이상한 bell이 울렸다. international 기업이 마을을 통째로 사서 마을 사람들을 쫓아낸다는 것이었다. 단, 조건이 있었다.

"이 마을의 대표가 우리가 내는 문제를 풀면 마을을 안 사겠다. 하지만, fail하면 모두 쫓겨난다."

마을 사람들이 collect되었다. 누가 대표가 될 것인가?

"당연히 토끼지! 가장 clever하잖아!"

이때, 거북이가 조용히 말했다.

"저도 해보고 싶어요."

"너처럼 shy한 녀석이? 이건 sport가 아니야. 진짜 싸움이라고!"

마을 사람들이 결정했다.

"그럼 시합을 해서 이긴 사람에게 대표를 맡기자."

첫 번째 문제: _tall_한 _hill_ 위에 있는 깃발을 가져오기.

토끼는 단숨에 뛰어올랐지만 거북이는 천천히 climb했다. 그런데 정상에서 이상한 일이 벌어졌다. 깃발 beside에 쪽지가 있었다. '**_진짜 깃발은 다른 곳에 있다. Egg 안을 확인하라._**' 토끼는 당황했다. 'Egg? 무슨 egg?'

거북이가 올라왔을 때, 조용히 주변을 살폈다. 그리고 발견했다. Duck 둥지 안에 plastic egg가 있었다. 그 안에 진짜 깃발이 들어있었다.

"어떻게 알았어?"

"가짜는 너무 깨끗했어요. 진짜는 항상 흔적이 있죠."

두 번째 문제: *Zoo*에서 탈출한 *fox*를 찾기.

토끼는 온 마을을 hunt하듯 뛰어다녔다. Garden, farm, 심지어 telephone 부스까지 뒤졌디. 거북이는 다르게 접근했다. Fox가 좋아하는 것을 생각했다. 그리고 Beef와 butter 냄새가 나는 sandwich 가게 뒤편에 갔다. 거기서 fox를 발견했다.

세 번째 문제: *Eleven*개의 *button*이 있는 *piano*가 있다. 올바른 순서로 누르면 *drawer*가 열린다. 그 안의 보물을 가져와라.

토끼는 math처럼 계산했다. 11개 button의 모든 조합을 시도했다. 하지만 drawer는 열리지 않았다. 거북이가 piano 앞에 앉았다. 그는 button을 누르지 않고 한참을 바라보자 토끼가 재촉했다.

"뭐 해? 빨리 눌러봐!"

거북이가 piano의 below를 살폈다. 거기 작은 글씨가 있었다. '**음악은 소리가 아니라 침묵에서 시작된다.**' 거북이는 아무 button도 누르지 않고 피아노 뚜껑을 열고 기다렸다. 정확히 11초 후, drawer가 저절

로 열리자, 안에 있는 종이에 이렇게 써있었다: **_진짜 보물은 함께하는 것이다._**

마을 사람들이 깨달았다. 이 경쟁 자체가 서로 싸우게 만드는 함정이었다. 거북이가 말했다.

"우리 둘이 함께 가면 어떨까요?"

그들의 goal은 같았기에, 토끼는 자신의 속도와 거북이의 지혜를 합치는 것에 동의했다.

대표를 뽑는 날, 둘은 함께 나섰다.

"우리는 한 팀입니다."

그러자 기업 대표가 웃었다.

"드디어 정답을 찾았군. 사실 우리는 마을을 살 생각이 없었다. 단지 너희가 힘을 합칠 수 있는지 보고 싶었을 뿐이다."

알고보니 그 대표는 마을 출신이었다. Parent가 이 마을에서 apple farm을 했던 사람이었다. 고향을 위해 거대한 투자를 하려 했지만, 먼저 마을 사람들이 단합할 수 있는지 시험한 것이었다.

"너희에게 선물이 있다. 새로운 건물들을 design해주겠다."

마을은 축제가 되었다. Holiday처럼 즐거운 날이었다. Yellow flower가 만발했고, 아이들은 toy를 들고 뛰어놀았다. 거북이가 delicious한 soup을 만들고, 토끼가 salad를 준비했다. Orange를 비롯

한 다양한 fruit과 cookie, jam을 바른 bread를 basket에 담아 나눴다. 토끼가 거북이에게 말했다.

"내가 정말 바보였어. Print된 image처럼 겉모습만 봤구나."

그 후 토끼는 여전히 달렸지만, 이제는 혼자가 아니었다. 거북이를 belt에 매고 함께 달렸다. 거북이는 짧은 tail을 흔들며 토끼 위에서 길을 안내했다.

51ª 음악 연상 / 세 번 쓰기

801 / 341

customer [kʌ́stəmər = 커ㅅ터멀]

고객[명] <er=~하는 것/사람>

customer

802 / 328

brush [brʌʃ = ㅂ뤄쉬]

솔[명] 빗다[동]

brush

803 / 326

cap [kæp = 캪]

모자[명]

cap

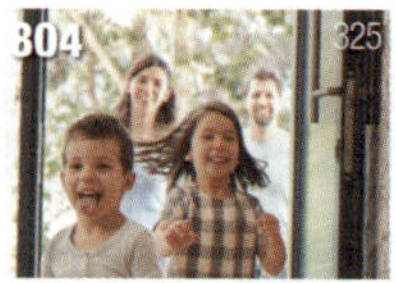
804 / 325

arrive [əráiv = 어롸이ㅂ]

도착하다[동]

arrive

thirteen [θəːrtíːn=떨틴]

열셋인 (형)

thirteen

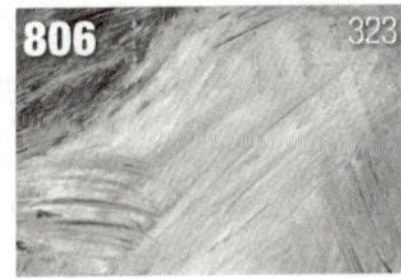

gray [grei=그뤠이]

회색인 (형) 회색 (명) (=grey 영국식)

grey

steak [steik=스테잌]

(구이용의 두꺼운) 고기 (명)

steak

tent [tent=텐트]

야영 천막 집 (명)

tent

customer

가게에서 돈을 내고 원하는 것을 얻는 주인공.

Help the customer.
그 OO을 도와라.
🔄 seller 판매자

1

A 도착하다

brush

치아를 닦고, 머리를 빗고, 그림을 그리는 만능 도구.

Brush **your hair.**
너의 머리를 OOO.

2

B 솔, 빗다

cap

대머리의 친구이자 스타일의 마침표.

a red cap 한 빨간 OO

3

C 고객

arrive

가던 길이 끝나는 순간 생겨나는 행동.

We arrived **at the airport.**
우리는 공항에 OOOO.
🔄 depart 출발하다

4

D 모자

thirteen

행운을 뜻하기도, 불운을 뜻하기도 하는 특이한 수. 10대 (~teen)의 시작.

thirteen books OO권의 책들

5

E 야영 천막 집

gray

비 오는 날 하늘이 입는 우울한 색깔.

a gray cat 한 OO 고양이

6

F 회색

steak

레어부터 웰던까지, 취향에 따라 다르게 구워지는 특별한 날의 OO요리.

Eat steak. OO를 먹어라.

7

G (두꺼운) 고기

tent

지붕과 벽을 배낭에 담아 다니는 이동식 집.

Set up the tent 그 OO OO O을 설치해라.

8

H 열셋인

discover [diskʌ́vər=디스커벌]

발견하다(동) <dis=away: 떨어트려 제거하다>

discover

taxi [tǽksi=택씨]

택시(명)

taxi

disagree [dìsəgríː=디써ㄱ뤼이]

동의하지 않다(동) <dis: 떨어트려 제거하다>

disagree

tiger [táigər=타이걸]

호랑이(명)

tiger

puppy [pʌ́pi=퍼피]

강아지(명) <명사+y: 애칭>

puppy

rabbit [rǽbit=뢔빝]

토끼(명)

rabbit

forest [fɔ́ːrist=포뤼ㅅ트]

숲(명)

forest

cloud [klaud=클라우드]

구름(명)

cloud

52b 퍼즐 연상

discover
cover(덮인)한 것을 dis(없애)하면 나타는 것.
Discover a secret. 한 비밀을 OOOO.
[반] hide 숨기다

1

taxi
손만 들면 달려 오는 cap(모자) 쓴 자동차.
Call a taxi. 한 OO를 불러라.
[비] cab OO

2

disagree
생각의 다양성이 만드는 창조적 마찰.
I disagree with you. 나는 너와 OOOO OO.
[반] agree 동의하다

3

tiger
lion(사자)와 함께 동물의 왕으로 불리는 강한 동물.
a strong tiger 한 강한 OOO

4

A 동의하지 않다

B 택시

C 발견하다

D 호랑이

puppy

꼬리로 마음을 표현하는 개의 pup(새끼).

a cute puppy 한 귀여운 OOO

5

E 구름

rabbit

낭근을 좋아하는 긴 귀의 점프 선수.

Jump like a rabbit.
OO처럼 뛰어라.

6

F 숲

forest

동물들의 도시이자 인간의 쉼터.
Walk in the forest.
한 O 속을 걸어라.
⑪ desert 사막

7

G 강아지

cloud

하늘이 만드는 물의 솜사탕.

a white cloud 한 하얀 OO

8

H 토끼

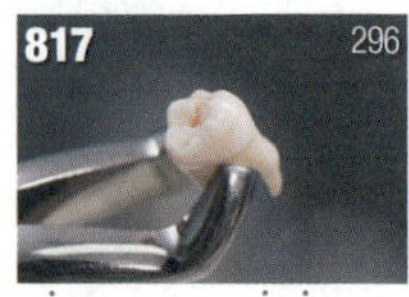

817 296

tooth [tuːθ=투뜨]

치아 명

tooth

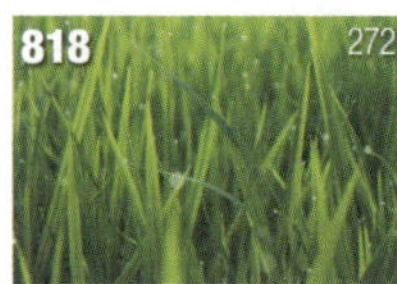

818 272

grass [græs=그뢔스] [U]

풀 명

grass

819 269

formal [fɔ́ːrməl=포멀]

격식적인 형

formal

820 260

nation [néiʃən=네이션]

나라 명

nation

821 257

potato [pətéitou=퍼테이토우]

감자⁽명⁾

potato

822 248

guitar [gitáːr=기탈]

기타⁽명⁾

guitar

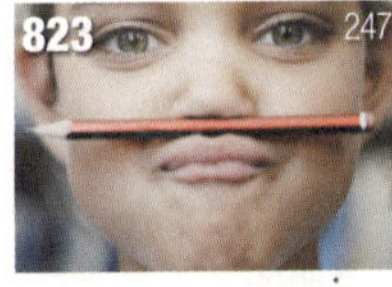

823 247

pencil [pénsl=펜쓸]

연필⁽명⁾

pencil

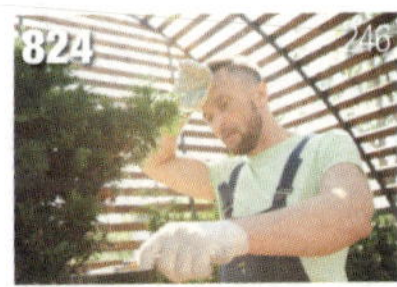

824 246

tire [táiər=타이얼]

지치게 하다⁽동⁾ 타이어⁽명⁾

tire

tooth

미소의 주인공이자 설탕의 희생양. 여러 개는 teeth를 쓴다.

Brush your teeth.
너의 OO를 닦아라.

1

A 풀

grass

소가 뜯고 사람이 밟는 겸손한 식물.

Sit on the grass.
그 O 위에 앉아라.

2

B 치아

formal

편안함 대신 form(형식)을 갖춰 예의 바르게 행동하는 것.

a **formal** dress 한 OOOO 드레스

3

C 나라

nation

비슷한 경험과 생각을 공유하며, 같은 규칙으로 같은 땅에 사는 집단.

My nation is Korea.
나의 OO는 한국이다.

4

D 격식적인

potato
땅속에서 자라는 서민의 빵.
Boil potatoes. OO를 삶아라.

5

E 감자

guitar
여섯 줄로 우주를 연주하는 나
무 우주선.
Play the guitar. OO를 쳐라.

6

F 연필

pencil
지우개 덕분에 실수가 두렵지
않은 작은 막대기.
Use a pencil. 한 OO를 사용해라.
ⓑ pen 펜

7

G 지치게 하다,
타이어

tire
몸과 마음의 배터리를 방전시키
는 것. 또는 자동차의 신발.
a flat tire 한 바람 빠진 OOO

8

H 기타

culture [kʌ́ltʃər=컬쳘] [U]

문화⁽명⁾ <ture: 결과, 상태>

culture

casual [kǽʒuəl=캐쥬얼]

평상복의⁽형⁾ 우연한⁽형⁾

casual

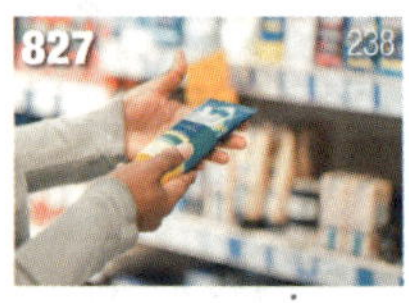

goods [gudz=굳ㅈ]

상품⁽명⁾

goods

skirt [skə́ːrt=ㅅ컬트]

치마⁽명⁾

skirt

ski [skiː=스키이]

스키⁽명⁾ 스키 타다⁽동⁾

ski

comic [kámik=카믹]

만화⁽명⁾ 재미있는⁽형⁾

comic

lion [láiən=라이언]

사자⁽명⁾

lion

banana [bənǽnə=버내너]

바나나⁽명⁾

banana

culture

예술과 전통, 언어와 음식이 버무려진, 특정 지역의 인간들이 사는 방식.

Learn culture. OO를 배워라.

1

A 상품

casual

어떤 의도 없이 아무렇게 입은 옷이나, 어떤 의도가 없었는데 발생한 OOO 사건.

casual clothes OOOO 옷
🖪 formal 격식적인

2

B 치마

goods

good(좋은) 점이 모여서 사람들이 갖고 싶은 것.

Sell goods. OO을 팔아라.

3

C 평상복의, 우연한

skirt

바람에 날리는 것이 멋이자 고민인 옷.

a red skirt 한 빨간 OO
🖪 pants 바지

4

D 문화

ski

겨울이 준 선물을 타고 내려오는 기쁨.

Go skiing. 한 OO를 타라.

5

E 사자

comic

한 칸 한 칸이 이어져 만드는 종이 영화.

Read a comic. OO를 읽어리.
비 cartoon (주로) 애니메이션

6

F 만화

lion

갈기를 왕관처럼 쓴 동물의 왕.

a big lion 한 큰 OO

7

G 스키

banana

노란색으로 시간을 알려 주는,
세상에서 가장 많이 먹는 과일.

Eat a banana. 한 OOO를 먹어라.

8

H 바나나

fork [fɔːrk=폴ㅋ]

포크⁽명⁾

fork

sock [sɑk=쌐]

양말⁽명⁾

sock

airplane [éərplèin=에얼플레인]

비행기⁽명⁾ (=aeroplane 영국식)

airplane

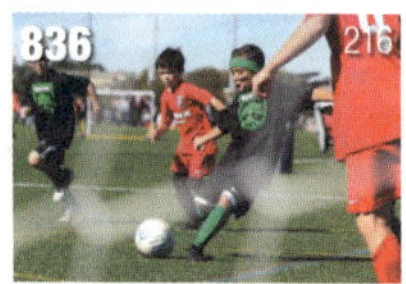

soccer [sɑ́ːkər=싸컬] [U]

축구⁽명⁾

soccer

congratulate

[kəngrǽtʃulèit=컹ㄱ뢔츌레잍] 축하하다(동)

congratulate

quiz [kwiz=쿠이즈]

퀴즈(명)

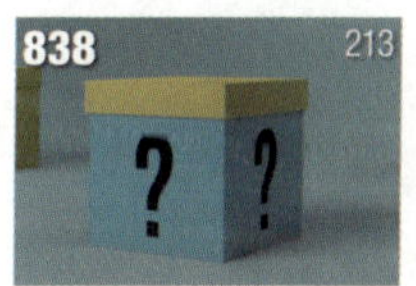

quiz

album [ǽlbəm=앨범]

(음악이나 사진을 모은) 앨범(명)

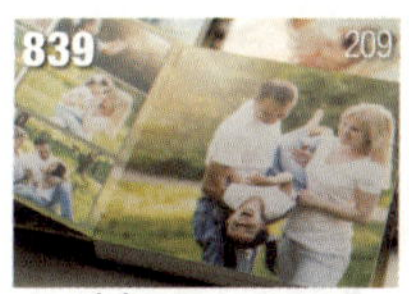

album

hike [haik=하잌]

도보 여행(명) 도보 여행하다(동) 등산하다(동)

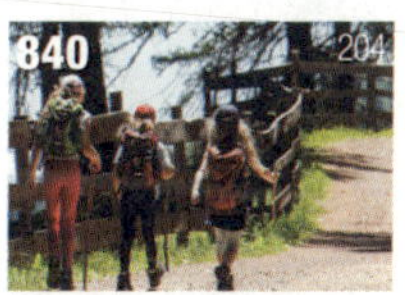

hike

55b 퍼즐 연상

fork
스파게티를 돌돌 말아 먹는 기술의 주인공.
Use a fork. 한 OO를 사용해라.

1

A 비행기

sock
신발과 발 사이의 중재자. 크리스마스의 선물 주머니.
Put on socks. OO을 신어라.

2

B 포크

airplane
라이트 형제의 꿈이 현실이 된 하늘의 금속 새.
[어원] air(공중) + plane(평평함: 날개)
Take an airplane. 한 OOO를 타라.

3

C 축구

soccer
손을 쓰면 안 되는 규칙이 만든 발의 예술.
Soccer is fun. OO는 재미있다.
[비] football OO, 미식 OO

4

D 양말

congratulate
성공을 인정하고 con(함께)
grat(기뻐)하는 관계의 접착제.
Congratulate her. 그녀를 OOOO.

5

E 퀴즈

quiz
쓸데없는 지식을 활용해 물음표
를 느낌표로 만드는 게임.
The quiz is easy. 그 OO는 쉽다.
® answer 정답

6

F 도보 여행,
등산하다

album
먼지가 쌓여도 버릴 수 없는 추
억의 타임머신.
Photo album. 한 사진 OO
® record 음반

7

G 축하하다

hike
도시를 벗어나 두 발로 쓰는 자
연 여행.
Let's go hiking. OO OO 가자.

8

H 앨범

festival [féstəvəl=페스티벌]

축제⁽명⁾

festival

lazy [léizi=레이지]

게으른⁽형⁾

lazy

elephant [éləfint=엘리펀트]

코끼리⁽명⁾

elephant

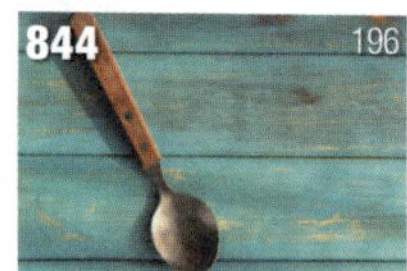

spoon [spuːn=스푼]

숟가락⁽명⁾

spoon

robot [róubat=로우밭]

로봇 명

robot

bake [beik=베잌(ㅋ)]

(오븐에서) 굽다 동

bake

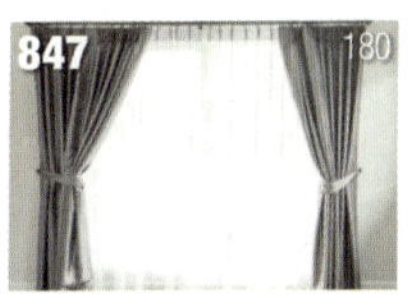

curtain [kə́ːrtn=컬튼]

장막 명 커튼 명

curtain

hobby [hábi=하비]

취미 명

hobby

festival
전통과 현대가 만나 새로움을 낳는 특별한 시간.
a fun festival 한 재미있는 OO

1

A 숟가락

lazy
좋게 보면 창의성이 꽃피는 뇌의 휴식 상태.
Don't be lazy. OOO지 마라.

2

B 게으른

elephant
코로 모든 일을 해결하는 달인.
a big elephant 한 큰 OOO

3

C 축제

spoon
입에 음식을 나르는 작은 배.
Use a spoon.
한 OOO를 사용해라.

4

D 코끼리

robot

인간이 만들고, 인간을 닮았지만, 인간이 아닌 것.

a toy robot 한 장난감 OO

5

E 로봇

bake

오븐 속에서 부풀어 오르는 행복의 향기.

Bake **bread.** 한 빵을 OO.
[비] roast (고기/채소를 바삭하게) 굽다.

6

F 취미

curtain

열면 세상과 만나고 닫으면 나와 만나는 창의 문지기.

Open the curtain.
그 OO을 열어라.

7

G 굽다

hobby

돈은 안 되지만 나를 나답게 만드는 가장 사적인 시간.

My hobby **is reading.**
나의 OO는 독서이다.

8

H 장막

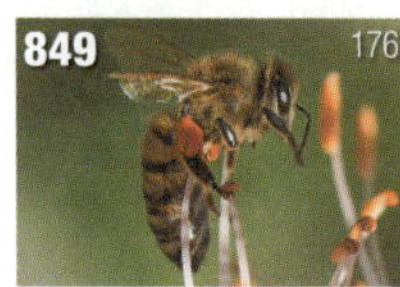

849 176

bee [biː=비이]

벌⁽명⁾

bee

850 176

laser [léizər=레이절]

광선 장치⁽명⁾

laser

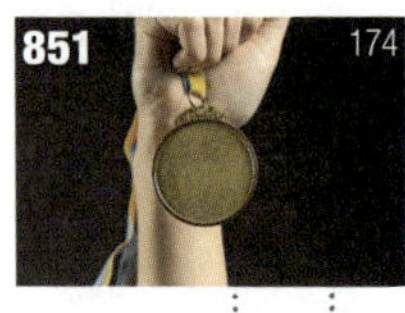

851 174

medal [médl=메들]

메달⁽명⁾

medal

852 167

vegetable [védʒtəbl=베쥐터블]

채소⁽명⁾

vegetable

853 166

subway [sʌ́bwèi=썹웨이]

지하철^명 <sub=under: 아래>

subway

854 163

helmet [hélmit=헬밑]

헬멧^명

helmet

855 160

scissors [sízərz=씨절즈]

가위^명

scissors

856 154

carrot [kǽrət=캐맅]

당근^명

carrot

bee
꿀을 만드는 화학자이자 침을 쏘는 전사. 꽃의 친구.
a busy bee 한 바쁜 O

1

A 메달

laser
눈에 보이지만 만질 수 없는 집중된 에너지.
laser light OO OO 빛

2

B 채소

medal
금은동으로 나누는 영광의 서열.
Win a medal. 한 OO을 따다.

3

C 벌

vegetable
아이들은 싫어하고 어른들은 찾는 건강한 음식.
Eat vegetables. OO를 먹어라.
⟨반⟩ meat 고기

4

D 광선 장치

subway
땅 sub(아래)의 way(길)로 다니는
시간 엄수의 이동 수단.
Take the subway.
한 OOO을 타라.
비 **metro** (주로 유럽의) OOO

5

E 헬멧

helmet
머리를 지키는 플라스틱 방패.
Wear a helmet. 한 OO를 써라.

6

F 가위

scissors
두 칼이 만나 하나를 둘로 만드
는 분리의 도구. 항상 복수(여러
개) 취급한다.
Use scissors. OO를 사용해라.

7

G 지하철

carrot
안 쓰는 물건을 팔려면 휴대폰
에서 이 채소 그림을 찾는다.
Cut the carrot. 그 OO을 잘라라.

8

H 당근

58ª 음악 연상 / 세 번 쓰기

tomato [təméitou=터메이토우]

토마토 ⑱

tomato

ribbon [ríbn=뤼번]

리본 ⑱

ribbon

notion [nóuʃən=노우션]

개념 ⑱ 의견 ⑱

notion

drum [drʌm=드뤔]

드럼 ⑱

drum

hamburger

[hǽmbə̀ːrgər=햄벌걸] 햄버거⒨

software

[sɔ́ːftweər=써ㅍㅌ웨얼] (컴퓨터의) 프로그램⒨

marathon [mǽrəθàn=매뤄떤]

마라톤⒨

membership

[mémbərʃip=멤벌쉾] 회원권⒨

tomato
케첩이 되어 세계를 정복한 열매.
a red tomato 한 빨간 OOO

1

A 개념

ribbon
쉽게 풀 수 있도록 묶는 선물과
신발의 마침표.
Tie a ribbon. 한 OO을 묶어라.

2

B 리본

notion
언어로 담기 전 머릿속 뚜렷한
생각의 덩어리.
a clear notion 한 명확한 OO

3

C 드럼

drum
소리로 시간을 쪼개는 음악의
척추.
Play the drum. OO을 쳐라.

4

D 토마토

hamburger

독일 함부르크(Hamburg) 음식이
미국에서 변형된 패스트푸드의
황제이자 다이어트의 적.

5

Eat a hamburger.
한 OOO를 먹어라.

E 회원권

software

기계가 특정 방식으로 움직이도
록 만든 프로그램. 물체가 아니
기에 soft(부드러운) ware(제품).

6

new software 새로운 OOOO
(반) hardware 전자 기기, 장비

F 햄버거

marathon

42.195km를 달리며 담긴 인간
한계에 도전하는 운동.

7

Run a marathon.
한 OOO을 뛰어라.

G 마라톤

membership

member(가입자)가 회비로 사는
특별한 혜택의 ship(자격).

8

I have a gym membership.
나는 헬스장 OOO을 가진다.

H (컴퓨터의)
프로그램

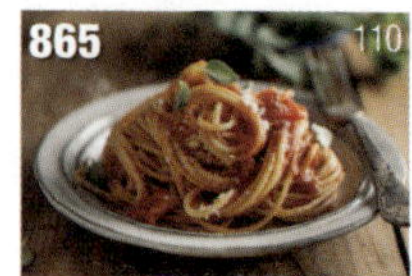

spaghetti

[spəgédi=스퍼게디] [U] 스파게티명

spaghetti

umbrella [ʌmbrélə=엄브뤨러]

우산명

umbrella

website [wébsàit=웹싸잍]

홈페이지명

website

ensure [inʃúər=인슈얼]

보장하다동 <en=make: 만들다>

ensure

869 96

grape [greip=그뤠잎(프)]

포도 ⑲

grape

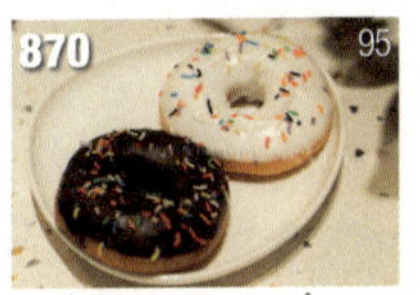

870 95

doughnut [dóunʌt=도우넡]

도넛 [명] (=donut)

doughnut

871 94

skate [skeit=ㅅ케잍(트)]

스케이트 신발 [명] 스케이트 타다 [동]

skate

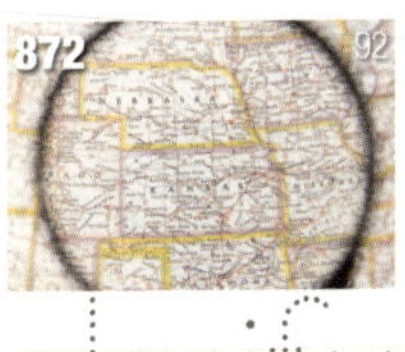

872 92

clarify [klǽrəfài=클래뤄파이]

명확히 하다 [동] <fy=make: 만들다>

clarify

spaghetti

3종류(토마토, 크림, 오일)로 나뉘는 이탈리아의 면요리.

Eat spaghetti. OOOO를 먹어라.

1

A 홈페이지

umbrella

비와 해를 막는 휴대용 지붕.

Take an umbrella. 한 OO를 가져가라.

ⓑ parasol 양산

2

B 보장하다

website

인터넷의 web(거미줄)에 site(위치) 시킨 디지털 공간.

Make a website. 한 OOOO를 만들어라.

3

C 우산

ensure

불안한 마음을 sure(확신)으로 en(만드는) 약한 약속.

Ensure safety. 안전을 OOOO

ⓑ guarantee 보증하다

4

D 스파게티

grape

태양을 머금고 달콤함을 품은
작은 구슬 묶음.

green grapes 초록 OO

5

E 명확히 하다

doughnut

가운데가 비어서 골고루 익을
수 있는 날날한 튀김 빵. 초기에
는 dough(반죽)으로 작은 nut(콩)
모양으로 만든 음식.

a sweet doughnut 한 달콤한 OO

6

F 도넛

skate

신발에 바퀴나 칼날을 달아 미끄
러지며 이동하는 현대의 축지법.

I skate fast.
나는 빠르게 OOOO OO.

7

G 스케이트 신발,
스케이트 타다

clarify

안개 낀 생각에 햇살을 드리워
clear(맑게)하게 fy(만드는)하는 것.

Clarify meaning.
의미를 OOO OO

(반) confuse 혼동시키다

8

H 포도

thirst [θəːrst=떨스티] [U]

갈증 [명]

thirst

dialogue [dáiəlɔ̀ːg=다이얼럭(ㄱ)]

대사 [명] 대화 [명] (=dialog 미국식)

dialogue

notebook [nóutbùk=노울북]

공책 [명]

notebook

violin [vàiəlín=바이얼린]

바이올린 [명]

violin

secondary

[sékəndèri=쎄컨데뤼] 부수적인 [형] 중고등의 [형]

secondary

formation

[fɔːrméiʃən=뽈네이션] [U] 형성 [명]

formation

restroom [réstrùːm=뤠ㅅㅌ룸]

화장실 [명]

restroom

nay [nei=네이]

아니 [감]

nay

thirst

물 한 모금의 소중함을 가르치는 몸의 신호.

I feel thirst. 나는 OO을 느낀다.

1

A 바이올린

dialogue

말하기와 듣기가 춤추는 소통의 왈츠.

Read the dialogue.
그 OO를 읽어라.

2

B 대사, 대화

notebook

note(메모)를 하기 위한 book(책).

Write in a notebook.
한 OO에 써라.
비 laptop computer 노트북

3

C 갈증

violin

활과 현이 만나 우는 나무의 목소리.

Play the violin. OOOO을 켜라.

4

D 공책

secondary

덜 중요한 것들. primary(초등) 다음에 다니는 곳과 ary(관련된) 것.

5

a **secondary** school
한 OOOO 학교 (영국식 표현)
[반] primary 첫째의, 초등 교육의

E 부수적인, 중고등의

formation

흩어진 것들을 모아 form(형태)를 ate(만들다)하는 것(tion).

6

a new **formation** 한 새로운 OO
[반] dissolution 해체

F 아니

restroom

무거움을 비우고 가벼움을 얻는 rest(쉬는)하는 room(방).

7

[비] bathroom 욕실, 화장실
[비] WC 화장실 (Water Closet)
[비] toilet 변기, 화장실

G 형성

nay

No보다 옛스러운 거절의 언어.

8

Nay, I disagree.
OO, 나는 동의하지 않아.

H 화장실

가난한 나무꾼이 forest에서 일하고 있었다. 그의 유일한 재산은 낡은 guitar였다. 점심으로 potato와 tomato를 곁들인 steak를 fork 없이 먹고 있을 때, 멧돼지가 guitar를 받아 강물에 빠뜨렸다.

"아! 내 guitar!"

그때 물속에서 gray색 robot이 나타났다.

"왜 우니?"

"제 guitar가 물에 빠졌어요. 그걸 치는 게 유일한 hobby였는데…"

Robot이 물속으로 들어갔다가 금으로 만든 violin을 들고 나왔다.

"이게 네 것이니?"

"아니요. 제 것은 낡은 guitar예요."

Robot이 다시 들어갔다가 은으로 만든 drum을 들고 왔다.

"그럼 이것이니?"

"아니요. 제 것은 정말 평범한 guitar예요."

세 번째로 robot이 낡은 guitar를 들고 왔다.

"맞아요! 이게 제 거예요!"

Robot이 웃었다.

"정직한 customer군. 상을 주겠다. 하지만 먼저 quiz를 풀어야 해. Thirteen 문제 중 열 개를 맞춰야 상을 받을 수 있어."

나무꾼이 당황했다. 그는 학교를 제대로 다니지 못한데다가, 문제

를 푸는데 도움을 줄 notebook도 pencil도 없었다.

첫 번째 문제: _Tiger_와 _lion_과 _elephant_ 중 누가 제일 빠를까?

"Tiger요(50~65km). 제가 forest에서 본 적이 있어요."

"틀렸어. Lion이 가장 빨라(80km)."

두 번째 문제: _Hamburger_와 _spaghetti_와 _doughnut_ 중 뭐가 제일 건강할까?

"Spaghetti요?"

"정답!"

문제를 계속 풀었지만 나무꾼은 여섯 개밖에 못 맞췄다. Robot이 말했다.

"실패야. 하지만 두 번째 기회를 주겠다. 내일 다시 와."

나무꾼은 tent로 돌아가며 '어떻게 하면 문제를 맞출 수 있을까?' 고민했다.

다음 날, 그는 마을로 갔다. Festival이 열리고 있었다. Soccer 경기도 있고, marathon도 있었다. 그런데 한 구석에서 lazy하게 앉아있는 puppy를 발견했다.

"왜 혼자 있니?"

"저는 달리기를 못해요. Rabbit처럼 빠르지도, bee처럼 부지런하지
도 않아요."

나무꾼이 깨달았다. 자신도 이 puppy와 같았다.

"그래도 넌 특별한 게 있을 거야. Discover해보자."

Puppy와 대화하며 나무꾼은 알게 됐다. Puppy는 냄새로 숨겨진
것을 찾는 재능이 있었다. Carrot이 땅속 어디 있는지, grape가 어느 나
무에 있는지 정확히 알았다.

"너도 대단한 재능이 있구나!"

그때 나무꾼은 Robot의 quiz도 정답을 맞추는 게 중요한 게 아닐
수 있다고 생각했다.

다시 강가로 갔다. Robot이 나타났다.

"준비됐니?"

"네. 하지만 먼저 dialogue하고 싶어요."

"뭐라고?"

"Quiz의 notion이 뭔가요? 제가 똑똑한지 시험하는 건가요? 아니면
다른 걸 보는 건가요?"

Robot이 잠시 멈췄다. 그리고 말했다.

"Clarify하겠다. 사실 정답은 중요하지 않아. 네가 어떻게 생각하는
지가 중요해."

나무꾼이 웃었다.

"어제 틀린 답도 다시 생각해보면, Tiger가 빠르다고 했지만, 낮은 강이 많은 forest에서는 elephant가 더 유리할 수도 있어요. 상황에 따라 다르죠."

Robot이 고개를 끄덕였다.

"Disagree하지 않아. 계속해봐."

"Hamburger도 vegetable을 많이 넣으면 건강할 수 있고, doughnut도 낭이 필요한 marathon 선수에게는 좋을 수 있어요."

"Congratulate! 넌 진짜 답을 찾았어."

Robot이 크게 웃었다.

"내 software는 단순한 정답이 아니라 '생각하는 인간'을 찾도록 만들어졌어. Culture와 상황에 따라 답이 달라질 수 있다는 걸 아는 사람. Formal한 답이 아니라 casual해도 자기 생각을 말하는 사람."

그리고 Robot은 나무꾼에게 특별한 선물을 줬다. 금 violin도, 은 drum도 아니었다. 그것은 ribbon이 달린 membership 카드였다.

"이게 뭐죠?"

"Nation 전체 도서관을 이용할 수 있는 카드야. Website에서도 모든 comic과 album을 볼 수 있어. 지식이 진짜 보물이니까."

집으로 돌아가는 taxi 안에서 나무꾼은 생각했다. 도서관에서 공부한다면, 앞으로 scissors로 나무가지를 자르는 대신, pencil로 글을 쓸 수 있을 것이다. Skirt나 sock같은 goods를 파는 대신, 아이들에게 guitar를 가르칠 수 있을 것이다. 나무꾼이 thirst했던 건, 물이 아니라 지식이었다는 걸 알았다.

2년 뒤, Subway를 타고 도시로 가서, 처음으로 restroom이 있는 깨끗한 학교에 arrive했다. Cap을 벗고 교장에게 인사했다.

"안녕하세요. 저는 guitar 선생님이 되고 싶습니다."

"Secondary 학위가 있나요?"

"Nay, 없습니다. 하지만 forest에서 새들에게 음악을 가르쳤어요."

"그것도 훌륭한 경력이네요."

나무꾼은 이제 매일 아이들과 함께했다. Banana와 우유로 bake한 케이크를 나눠 먹었고, curtain 너머로 들어오는 cloud 사이의 햇빛을 받으며 guitar를 연주했다.

어느 날 한 아이가 물었다.

"선생님은 어떻게 이 일을 하게 됐어요?"

"Robot이 가르쳐줬어. 금 medal이나 은 spoon보다 중요한 건, 자기만의 생각을 갖는 거라고. Ski와 skate를 탈줄 몰라도, Tire처럼 계속 굴러가며 배우면 되니까."

아이가 tooth를 보이며 웃었다.

"선생님도 robot처럼 현명해요!"

나무꾼이 brush로 칠판에 썼다: **정답은 하나가 아니다.** *Grass*가 녹색이어야 한다는 법도 없고, *helmet*이 안전을 보장하는 것도 아니다. *Ensure*할 수 있는 건 오직 하나, 계속 생각하고 *formation*하는 우리의 마음이다.

그리고 그는 낡은 guitar로 노래를 불렀다. 금 violin보다 훨씬 아름다운 소리였다. 왜냐하면 그 안에는 그의 이야기가 있었으니까.

🎧 영어 ▶ 한글

881 | 57

textbook [tékstbùk=텍슽(트)북]

교과서(명)

882 | 55

racial [réiʃəl=뤠이셜]

인종의(형)

883 | 49

autumn [ɔ́ːtm=어틈]

가을(명)

884 | 40

biscuit [bískit=비스킽]

비스킷(명)

885   40

interact [ìntərǽkt=인터랙트]

상호 작용하다 ^동 <inter: 서로, 사이에>

interact

886   40

literal [lítərəl=리터럴]

문자 그대로의 ^형

literal

887   38

watermelon

[wɔ́ːtərmèlən=워털멜런] 수박 ^명

watermelon

888   34

informal [infɔ́ːrməl=인폴멀]

비격식적인 ^형 <in=not: 아닌>

informal

textbook

무거운 가방의 주범. 더러울 수록 칭찬 받는 것. 이미 쓰여진 text(글, 원문)가 있는 book(책).

Open the textbook. OOO를 펴라.
비 schoolbook OOO

1

A 인종의

racial

피부색으로 인간을 나누는 기준.

a racial **issue** 한 OOO 문제
비 race 인종, 경주

2

B 교과서

autumn

수확의 기쁨과 겨울의 예감이 만나는 시간.

I like autumn.
나는 OO을 좋아한다.
반 spring 봄

3

C 가을

biscuit

부스러기를 만들며 행복을 주는 바삭함. 미국에서는 빵에 가깝고, 영국에서는 과자에 가깝다.

비 cookie (달콤한 원형) 과자
비 cracker (짭짤한) 과자

4

D 비스킷

interact

inter(서로 주고 받음)해서 더 풍성해지는 관계의 act(행동).
Interact with people.
사람들과 OOOOOO.

5

E 문자 그대로의

literal

liter(=letter, 글자)가 알려주는 이상의 생각은 제외하는 것.
literal meaning OO OOOO 의미

6

F 비격식적인

watermelon

여름이 초록 공 속에 숨겨둔 붉고 시원한 선물. water(물)이 특히 더 많은 melon(메론).
Cut the watermelon.
OO을 잘라라.

7

G 수박

informal

form(형태)를 in(없애서) 예의보다 가까운 사이를 추구하는 방식.
an informal talk 한 OOOOO 대화
비 casual 평상복의
반 formal 격식적인

8

H 상호작용하다

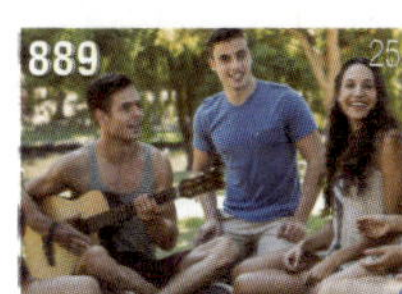

recreation

[rèkriéiʃən = 뤠ㅋ뤼에이션] 여가 활동 (명)

recreation

crayon [kréian = ㅋ뤠이언]

크레파스 (명)

crayon

disclose [disklóuz = 디ㅅ클로우즈]

드러내다 (동) <dis=away: 떨어트려 제거하다>

disclose

compute [kəmpjúːt = 컴퓨웉]

계산하다 (동) <com=together: 함께>

compute

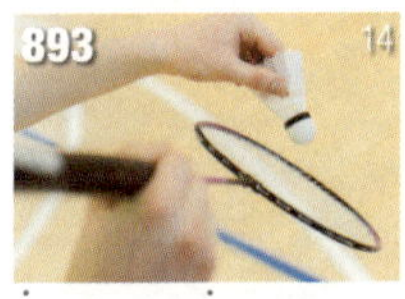

893 14

badminton

[bǽdmintən=배드민턴] [U] 배드민턴^명

badminton

894 13

classify [klǽsəfài=클래써파이]

분류하다^동 <fy=make: 만들다>

classify

895 13

factual [fǽktʃuəl=팩츄얼]

사실의^형

factual

896 12

displace [displéis=디스플레이스]

밀어내다^동 <dis=away: 떨어트려 제거하다>

displace

62b 퍼즐 연상

recreation

정상인 나로 re(다시) create(창조)
하는 재충전의 놀이 활동.

fun recreation time
재미있는 OO OO 시간
⊞ leisure 여가 (상태/시간)

1

A 크레파스

crayon

아이의 상상력에 색을 입히는
마법의 막대.

Use a crayon.
한 OOOO를 사용해라.

2

B 드러내다

disclose

close(닫힌)해서 숨겨진 것을
dis(없애)하고 보여주는 것.

Disclose the truth.
한 진실을 OOOO.

3

C 계산하다

compute

주판으로 하던 것을 더 빠르게
하기 위해 개발됐고, 나중에는
컴퓨터가 물려 받은 그 이름.

Compute the total.
그 합을 OOOO.

4

D 여가 활동

badminton

깃털이 달린 공이 하늘을 나는 가장 빠른(순간 최대 시속 493km) 운동 경기.

어원 영국의 저택 이름
Play badminton. OOOO을 해라.

5

E 분류하다

classify

같은 class(종류)끼리 모아 질서를 fy(만드는)하는 것.

Classify items. 항목을 OOOO.
반 mix 섞다

6

F 밀어내다

factual

상상이나 감정을 담지 않은 진짜 진실.

factual data OOO 자료
반 fictional 허구의

7

G 사실의

displace

원래 place(놓여있다)한 위치를 dis(없애다)해서, 다른데로 쫓아내는 것.

Displace a box. 한 상자를 OOO
비 replace 교체하다

8

H 배드민턴

63ab 음악 연상 / 세 번 쓰기 / 퍼즐

영어 ▶ 한글

enclose [inklóuz=인클로우즈]

동봉하다 [동] <en=make: 만들다>

enclose

embody [imbádi=임바디]

구현하다 [동] <em=make: 만들다>

embody

half moon [hæf múːn=해프 문]

반달 [명]

half moon

programmatic

[pròugrəmǽtik=프로우ㄱ뤄매틱] 체계적인 [형]

programmatic

enclose

내용물의 외부가 close(닫다)되도록 en(만들다)하는 것.

Enclose a photo.
한 사진을 OOOO.

1

A 구현하다

embody

보이지 않는 것을 body(육체)를 갖게 em(만들다)해서 OO하는 것.

Embody an idea.
한 아이디어를 OOOO.

2

B 체계적인

half moon

moon(달)이 half(반)가 된 것.

a halfmoon shape 한 OO 모양
비 crescent 초승달, 그믐달
반 full moon 보름달

3

C 반달

programmatic

정확한 순서로 짜여져 편안하거나 답답하게 느껴지는 방식.

It needs programmatic change
그것은 OOOO 변화가 필요하다.

4

D 동봉하다

바위와 모래의 순서 관련 단원 1-63

택진이는 video 게임의 king이었다. 그의 방은 computer와 television으로 가득했다. 매일 학교에서 return하면 곧바로 모니터 앞에 앉았다. 게임을 더 하고 싶어서 Breakfast도 computer 앞에서 먹고, lunch는 건너뛰고, 저녁 food도 대충 먹었다.

어느 winter 날, 택진이가 most favorite한 게임의 international 대회가 열렸다. 1등에게는 gold medal과 함께 새로운 computer가 주어졌다.

"이번엔 내가 반드시 be going to 이길 거야!"

택진이는 아침 6시부터 evening 11시까지 더욱 열심히 게임을 하자, Parent가 걱정했다.

"택진아, homework는 언제 하니?"

"나중에요. 게임이 더 중요해요!"

"친구들과는 언제 만나니?"

"게임 안에서 만나요. 그게 더 pleasant해요!"

게임 대회 날, 택진이는 자신만만했다. 하지만 첫 번째 race에서 이상한 일이 일어났다. 손이 tired했고, 눈이 아파서 결국 fail했다. Twenty명 중 thirteen등이었다. 택진이는 cry했다.

그날 evening, 택진이는 park 벤치에 있는 한 grandfather의 beside에 앉았다. 할아버지는 small basket에 rock과 sand를 넣고 있

었다. 택진이가 물었다.

"뭐 하세요?"

"Quiz를 하나 내볼까? 이 basket에 rock들과 sand를 모두 넣으려면 어떻게 have to 할까?"

택진이는 sand부터 넣었다. 그러자 rock이 enter할 space가 없었다.

"틀렸구나. 다시 해봐."

이번엔 rock부터 넣었다. 신기하게도 sand가 rock 사이사이로 들어갔다. Everything이 basket 안에 들어갔다!

Grandfather가 smile했다.

"인생도 exactly 같아. Heavy하고 large한 것부터 하면, small한 것은 저절로 해결돼."

택진이는 자신의 인생에서 rock은 무엇일지 고민했다.

다음 날부터 택진이는 달라졌다. 그는 새로운 program을 made했다.

아침 계획

1.Parent와 breakfast 함께 먹기

2.학교 homework 먼저 하기

3.Exercise하기 - basketball이나 soccer

아침 계획이 끝난 후에 게임을 했다. 놀랍게도 시간이 더 많아진 것 같았다. 왜냐하면 마음이 편안했기 때문이다.

한 달이 지났다. 택진이의 변화는 놀라웠다. Math score가 better해졌다. 게임을 생각하듯 문제를 풀었다. Basketball을 하니 몸이 건강해졌다. 친구들과의 friendship이 deep해졌다. 실제로 만나 pizza를 먹으며 dialogue했다.

또한 놀랍게도 게임 실력이 좋아졌다! Fresh한 마음과 강한 몸 덕분이었다.

Spring에 또 다른 대회가 열렸다. 이번엔 달랐다. 택진이는 quiet했고 energy가 넘쳤다.

마지막 race, 택진이의 mouse가 quick하게 움직였다. 키보드가 piano처럼 소리를 냈다. 스크린에서 그의 캐릭터가 춤추듯 움직였다. 그리고 1등이 됐다! 시상식에서 someone이 물었다.

"1등의 key가 뭔가요?"

"게임만 하면 오래 못 해요. 인생의 rock인 가족, 건강, study를 먼저 챙기면, 게임이라는 sand도 자연스럽게 잘하게 돼요."

그의 이야기는 internet에서 유명해졌다. Website마다 그의 인터뷰가 실렸다.

택진이는 이제 게임 team의 member로 became했다. 하지만 그는 여전히 매일 먼저, Parent와 food를 함께하고, Library에서 책을 읽는다. 그리고 체육관에서 exercise한다.

그의 team 유니폼에는 이런 문구가 print되어 있다: *게임 is not everything, but everything makes 게임 better.*

어느 날 한 student가 택진이를 visit했다.

"저도 1등으로 become하고 싶어요. 방법을 teach해 주세요!"

택진이는 그 아이를 garden으로 데려갔다. 그리고 glass 항아리에 stone과 sand를 보여주며 말했다.

"이게 전부야. Large한 것부터 넣어. Small은 저절로 따라와."

그 student는 이해했다. 그날부터 그도 달라졌다. Homework를 먼저 하고, 게임은 나중에 했다. 시간이 부족할 줄 알았다. However 둘 다 better해졌다.

이것이 바로 택진이가 discover한 방법이다. 이제 모든 게임 center wall에 이 말이 걸려있다: *Rock을 먼저 넣는 사람이 true한 승자다. 건강, 가족, 교육이 당신의 rock이다. 게임은 sand다. Rock이 있어야 sand도 의미가 있다.*

많은 student들이 이 방법을 배웠다. 그들은 모두 better한 게이머로 became했을 뿐 아니라, 행복한 human으로 became했다. 택진이는 지금도 말한다.

"제 인생이 basket라면, parent님의 사랑, 친구들과의 friendship, 그리고 건강한 몸이 rock이에요. 게임은 그 사이를 fill하는 sand죠. Rock 없이 sand만 있으면, 그건 그냥 빈 basket이에요."

1-63전체
영어▶한글

1-63전체
한글▶영어

1-63전체
한글▶영어

facade [fəsáːd]
겉모습⁽명⁾

그의 행복한 겉모습 뒤에는 슬픔이 있었다.

Behind his happy ________________ lay sadness.

gait [géit]
걸음걸이⁽명⁾

그는 불안정한 걸음걸이로 걸었다.

He walked with an unsteady ________________.

petulantly [pétʃələntli]
짜증내며⁽부⁾

그녀는 짜증내며 먹기를 거부했다.

She ________________ refused to eat.

warder [wɔ́ːrdər]
간수⁽명⁾

그 간수가 각 감방을 점검했다.

The ________________ checked each cell.

[영어▶한글]

bit.ly/jdvocat 에서도 보실 수 있습니다.

amass [əmǽs]

(대량으로) 모으다[동]

그는 금으로 재산을 모았다.

He ______________________ a fortune in gold.

parson [pɑ́:rsn]

목사[명]

목사가 감동적인 설교를 했다.

The ______________________ gave a moving sermon.

townsman [táunzmən]

마을사람[명]

그 마을사람은 동네 모든 사람을 알았다.

The ______________________ knew everyone in the village.

culminate [kʌ̀lminéit]

절정에 달하다[동]

수년간의 노력이 성공으로 절정에 달했다.

Years of work ______________________ in success.

가로 문제

3 건물의 얼굴, 사람의 가면. 프랑스어 기원의 말.
回 exterior 외부, 외면

5 입 삐죽, 눈 삐죽. 이유는?
回 irritably 짜증스럽게 回 peevishly 투덜거리며

7 시골과 도시 중간즈음의 사람.
回 countryman 시골 사람 回 citizen 시민권자

세로 문제

1 술 취한 사람은 비틀, 모델은 우아, 군인은 씩씩한 이것.

2 일요일 아침에 사람(person)들에게 설교하는 사람.
回 priest (천주교) 신부 回 minister (기독교) 목사

4 노력이 정상에 도착.
回 climax 절정의 순간

6 개미의 저축법.
回 gather 모으다 回 accumulate (서서히) 모으다

8 열쇠를 든 감옥 지킴이.
回 guard 경비원 回 warden 교도소장

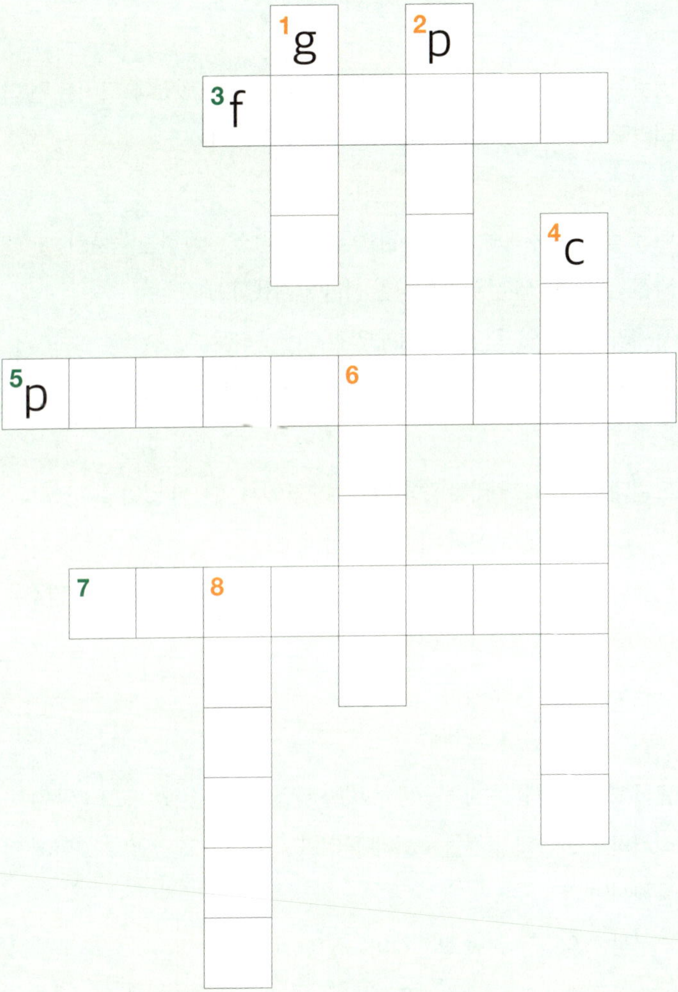

^{1}g ^{2}p

^{3}f

^{4}c

^{5}p ^{6}

^{7} ^{8}

라푼젤 교도소의 비밀 관련 단원 샘플 1-2

옛날에 탑 모양의 감옥에 라푼젤이라는 inmate가 있었다. 그녀는 긴 머리카락으로 유명했지만, 진짜 비밀은 따로 있었다.

어느 날, 새로운 warder가 부임했다. 그는 평소 lope하는 독특한 gait를 가진 남자였다. 첫날부터 이상한 점을 발견했다.

"라푼젤은 왜 독방 꼭대기에 있죠?"

하지만 선배 간수는 reticent한 표정으로 대답을 피했다.

그런데 매주 일요일마다 감옥 안의 pulpit에서 이상한 일이 벌어졌다.

라푼젤이 창문에서 머리를 내리면, townsman들이 줄을 서서 기다렸다. 그들은 머리카락을 잡고 올라와 무언가를 전달했다. 새 간수는 frantic하게 이 광경을 지켜봤다.

"도대체 뭘 하는 거야?"

알고 보니 라푼젤은 감옥 안에서 비밀 사업을 하고 있었다. 그녀의 긴 머리카락으로 밖의 물건들을 몰래 들여와 amass하고 있었다. 그런데 더 충격적인 건,

"잠깐, 당신은 진짜 죄수가 아니잖아요!"

라푼젤이 petulantly 대답했다.

inmate 수감자 wader 간수 lope 성큼 걷다 gait 걸음걸이 reticent 과묵한 pulpit 설교단 townsman 마을사람 frantic 정신없는 amass 모으다 petulantly 짜증내며

"맞아요. 저는 이 감옥의 진짜 소장이에요."

라푼젤의 죄수 신분은 단지 facade였다. 원래 소장이었던 그녀는 평소 짠돌이인 자신의 foible 때문에 이런 계획을 세웠다.

"감옥 운영비가 부족해서 이런 사업을 시작했어요."

밖에서는 갑자기 squall이 불어왔다. 라푼젤의 머리가 흔들렸고, 올라가던 한 사람이 떨어질 뻔했다. 그 사람은 다름 아닌 마을의 parson이었다.

"목사님도요?"

"성경책이 필요해서... 여기가 제일 싸거든요."

이 모든 사건은 경찰이 들이닥치면서 culminate했다.

"어? 이거 불법이 아니네요? 교도소 내 상점 운영은 합법이거든요."

그리고 경찰이 물었다.

"그런데 왜 굳이 머리카락으로 사업을 하신 거죠?"

라푼젤이 한숨을 쉬었다.

"엘리베이터 설치 견적이 10억이래요."

"...네?"

"계단 만들 자리는 없고, 사다리는 위험하고, 결국 제일 싼 게 제 머리였어요."

수준별 마이클리시 도서

말하기 · 쓰기

아빠표 영어 구구단
영상 강의 포함

8시간에 끝내는
기초영어 미드천사
<왕초보 패턴>
음성 강의 포함
PDF 무료 제공: miklish.com

8시간에 끝내는
기초영어 미드천사
<기초회화 패턴>
음성 강의 포함

유레카 팝송
영어회화 200
영상 강의 포함

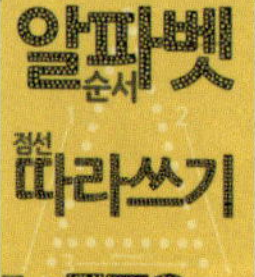

알파벳 따라쓰기
572
<1500원 특가>

8문장으로 끝내는
유럽여행 영어회화
음성 강의 포함

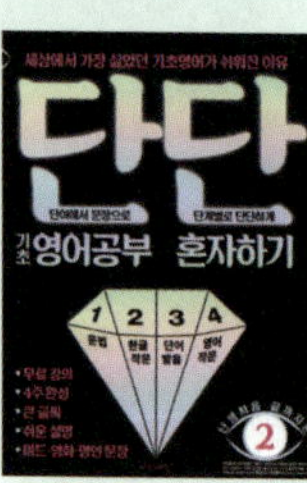

단단 기초
영어공부 혼자하기
영상 강의 포함

신호등 영작200
영상 강의 포함

6시간에 끝
생활영어 회
<5형식/준
음성 강의

읽기

2시간에 끝내는
한글영어 발음천사
<7500원 특가>
영상 강의 포함
음성 강의 포함

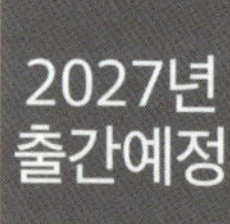

원서 시리즈2

중학영어 독해비급
영상 강의 포함

챗GPT 영어명언
필사 200

스스로 끝까지 볼 수 있는 기존에 없던 최고의 책만을 만듭니다.
수준에 맞는 책을 선택하시면 절대 후회하지 않으실 것입니다.
자세한 책 소개는 <영어 공부법 MBTI (1,000원)>를 참고하세요.

중급 중학생 ~ 고등학생 수준   **고급** 대학생 ~ 영어 전공자 수준

4시간에 끝내는
영화영작
<기본패턴>

4시간에 끝내는
영화영작
<응용패턴>

4시간에 끝내는
영화영작
<완성패턴>

모든 책에 책의 본문 전체를 읽어주는
'원어민MP3'를 담았기에,
말하기/듣기 훈련이 가능합니다.

대부분의 책에 '무료 음성 강의'나
'무료 영상 강의'를 포함하기에,
혼자서도 익힐 수 있습니다.

한 번에 여러 권을 사지 마시고,
한 권을 반복해서 2번~5번 익힌 뒤에,
다음 책을 사는 것을 추천합니다.

6시간에 끝내는
생활영어 회화천사
<전치사/접속사/
조동사/의문문>
음성 강의 포함

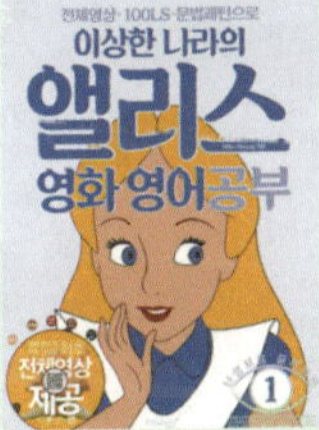

이상한 나라의 앨리스
영화 영어공부
공부법 영상 강의 포함

30분에 끝내는
영어 필기체

TOP10 연설문
음성강의 포함

2027년
출간예정

원서 시리즈1

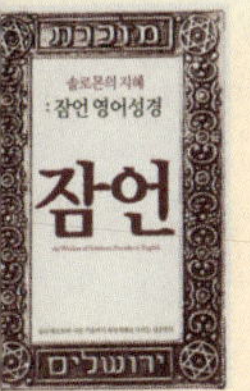

잠언 영어성경

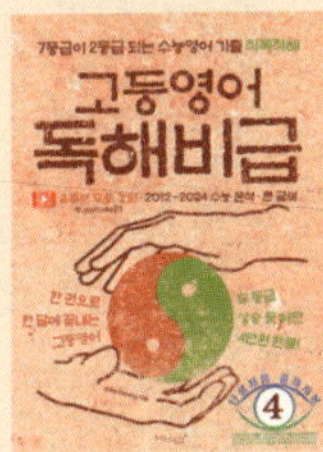

고등영어 독해비급
영상 강의 포함

수능영어 독해비급
2027 출간 예정

TOP10
영한대역 단편소설

감사드립니다.

이 책이 나오게 해주신 여호와께, 예수님께 감사드립니다.

나의 기뻐하는 금식은 흉악의 결박을 풀어 주며 멍에의 줄을 끌러주며 압제 당하는 자를 자유케 하며 모든 멍에를 꺾는 것이 아니겠느냐. 또 주린 자에게 네 식물을 나눠 주며 유리하는 빈민을 네 집에 들이며 벗은 자를 보면 입히며 또 네 골육을 피하여 스스로 숨지 아니하는 것이 아니겠느냐. 그리하면 네 빛이 아침 같이 비칠 것이며, 네 치료가 급속할 것이며, 네 의가 네 앞에 행하고 여호와의 영광이 네 뒤에 호위하리니, 네가 부를 때에는 나 여호와가 응답하겠고, 네가 부르짖을 때에는 말하기를 내가 여기 있다 하리라 <이사야 58:6~9>

저를 가르쳐주신 선생님들께, 독자분들께 감사드립니다.

더 쉽고 즐겁게 영어를 배울 수 있도록 노력하겠습니다. 영어 외에도 제가 힘이 될 수 있는 것은 무엇이든 돕겠습니다. 모든 사람들이 인간다운 삶을 살 수 있도록, 모든 동물들이 기본적인 욕구는 충족할 수 있도록 노력하겠습니다.

자동암기 초등 영단어 500

1판1쇄	2025년 12월 15일
지은이	Mike Hwang
발행처	Miklish
전화	010-4718-1329
홈페이지	miklish.com
e-mail	iminia@naver.com
ISBN	979-11-87158-76-9

처음 경험한
스스로 끝까지 본 영단어 책

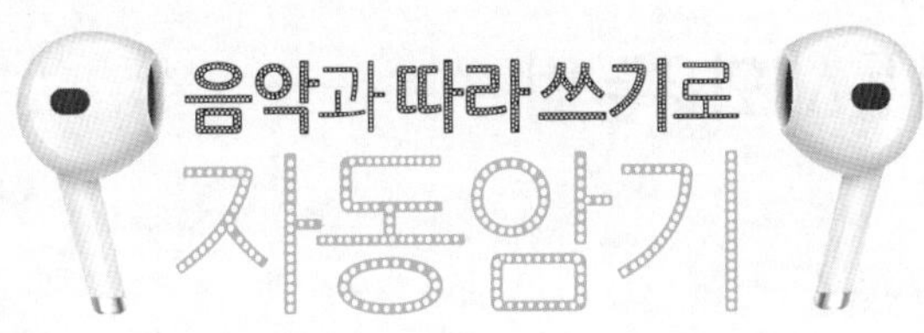

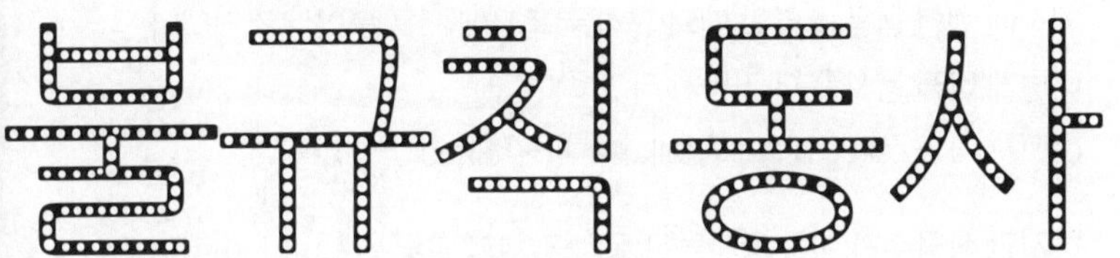

8가지 유형별 불규칙 동사표
모든 영어단어 외우는법

Mike Hwang 지음

116

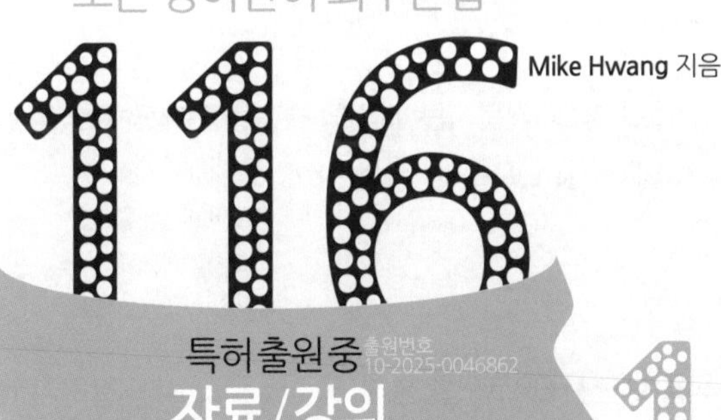

별책으로도
판매 중입니다.

필요시 1~2권
추가 구매하여
익히세요.

불규칙 동사 외우는 법

불규칙동사란?

예전에 했던 행동을 말할 때의 규칙은 동사에 ed를 붙이는 것입니다.
이렇게 바뀐 동사를 '과거동사'라고 합니다.

call(부르다) → called(불렀다) / talk(말한다) → talked(말했다)

하지만 상당수의 쉬운 동사들은 동사 자체가 일부 변합니다. 이것이
'동사의 불규칙 변형'이며, '불규칙 동사'라고도 부릅니다.

have(가지다) -> had(가졌다) / know(알다) -> knew(알았다)

과거분사란?

called를 본동사 자리에 쓰면 '불렀다'지만, 그 외에는 '불려진'입니다.
형태는 같지만 '당하는 뜻(~되어진)'으로 해석되는 것을 '과거분사'라
고 합니다. 불규칙 동사의 경우 '과거분사'의 형태도 다를 수 있습니다.

I called him. (나는 그를 불렀다) / He is called. (그는 불려진다)
I knew him. (나는 그를 알았다) / He is known. (그는 알려져 있다)

have바로 뒤의 과거분사는, 과거의 경험을 현재 갖고 있다는 뜻입니다.

I have called him. (나는 그에게 전화한 적이 있다)

외우는 법

❶ 책을 보면서 QR코드를 통해 3~5번 듣고 따라 말하기. (발음 익히기)

❷ 교재에 3~9번 쓰면서 영어로 말하기. (유형별 규칙 익히기)
이 교재에는 3번 정도 쓸 수 있으므로, 필요시 빈 노트나 추가 교재를 구매하여 적으세요.

❸ 1~3번 들을 때, 책 보지 말고 무음에서 과거/과거분사를 말하기.

자동암기
불규칙 동사

어떻게 해야 할지 모르겠다면?

휴대폰 사진 앱으로 **QR코드↓**를 비춰보세요.

bit.ly/verbdata

또는, 인터넷으로 **여기↑**에 접속해 보세요.

❷ 교재에 한 번씩 쓰면서 입으로 말하기.

1

am/is   was   been
ǽm앰/íz이즈   wɔ́z워즈   bíːn비인
상태이다   상태였다   상태였던

am/is was been

2

are   were   been
άr얼   wə́r월   bíːn비인
상태이다   상태였다   상태였던

are were been

3

do/does   did   done
dúː두   dʌ́z더즈   díd딛(드)   dʌ́n던
(행동)한다   (행동)했다   (행동)되어진

❸ ABAn 형태지만, 공간상 여기에 넣었습니다.

do/does did done

4

fly   flew   flown
fláɪ플라이   flúː플루   flóʊn플로운
날다   날았다   날려진

fly flew flown

1

see saw seen
síː씨이　sɔ́ː써　síːn씨인
보이다　보였다　보여진

❸ ABAn 형태지만, 공간상 여기에 넣었습니다.

see saw seen

begin began begun
bigín비긴　bigǽn비갠　bigʌ́n비건
시작하다　시작했다　시작되어진

begin began begun

drink drank drunk
dríŋk드링크　drǽŋk드랭크　drʌ́ŋk드렁크
마시다　마셨다　마셔진

drink drank drunk

ring rang rung
ríŋ륑　rǽŋ랭　rʌ́ŋ렁
울리다　울렸다　울려진

ring rang rung

shrink   shrank   shrunk   **9**

ʃríŋk쉬링크   ʃrǽŋk쉬랭크   ʃrʌ́ŋk쉬렁크
줄어들다   줄어들었다   줄어든

shrink shrank shrunk

sing sang sung   **10**

síŋ씽   sǽŋ쌩   sʌ́ŋ썽
노래부르다 노래불렀다 노래불려진

sing sang sung

sink sank sunk   **11**

síŋk씽크   sǽŋk쌩크   sʌ́ŋk썽크
가라앉다 가라앉았다 가라앉은

sink sank sunk

swim swam swum   **12**

swím스윔   swǽm스왬   swʌ́m스웜
수영하다   수영했다   수영한

swim swam swum

❷ A A A 변화

현재 과거 과거분사
한다 했다 ~되어진

따라 말하기

음원 듣기

13

bet bet bet

bét 벹(ㅌ) bét 벹(ㅌ) bét 벹(ㅌ)
걸다 걸었다 걸어진

bet bet bet

14

broadcast broadcast broadcast

brɔ́:dkæst 브뤄ㄷ캐스ㅌ brɔ́:dkæst 브뤄ㄷ캐스ㅌ brɔ́:dkæst 브뤄ㄷ캐스ㅌ
방송하다 방송했다 방송되어진

broadcast broadcast broadcast

15

burst burst burst

bə́rst 벌스ㅌ bə́rst 벌스ㅌ bə́rst 벌스ㅌ
폭발하다 폭발했다 폭발된

burst burst burst

16

cost cost cost

kɔ́st 커스ㅌ kɔ́st 커스ㅌ kɔ́st 커스ㅌ
비용이 들다 비용이 들었다 비용이든

cost cost cost

---

cut cut cut

17

kʌ́t 컽(ㅌ) kʌ́t 컽(ㅌ) kʌ́t 컽(ㅌ)

자르다 잘랐다 잘려진

cut cut cut

fit fit fit

18

fít 핕(ㅌ) fít 핕(ㅌ) fít 핕(ㅌ)

딱 맞다 딱 맞았다 딱 맞은

fit fit fit

hit hit hit

19

hít 힡(ㅌ) hít 힡(ㅌ) hít 힡(ㅌ)

치다 쳤다 쳐진

hit hit hit

hurt hurt hurt

20

hə́rt 헡(ㅌ) hə́rt 헡(ㅌ) hə́rt 헡(ㅌ)

다치게 하다 다치게 했다 다치게 되어진

hurt hurt hurt

let let let
lét 렡(트) lét 렡(트) lét 렡(트)
허락하다 허락했다 허락되어진

let let let

put put put
pút 풑(트) pút 풑(트) pút 풑(트)
놓다　　놓았다　　놓여진

put put put

quit quit quit
kwít 쿠잍 kwít 쿠잍 kwít 쿠잍
그만두다　그만뒀다　그만둬진

quit quit quit

set set set
sét 셑(트) sét 셑(트) sét 셑(트)
　놓다　　놓았다　　놓여진

set set set

shut shut shut

ʃʌt 셧(트)   ʃʌt 셧(트)   ʃʌt 셧(트)
닫다   닫았다   닫혀진

shut shut shut

단단 기초 영어공부 혼자하기

한 권으로 끝내는 초등 영어회화 + 영어문법!

마이크 황의 다른 책(미드·영화·명언 등)에서 뽑은
쉽고 흥미로운 문장!

저자 직강 영상 강의! 순화된 문법 용어의 쉬운 설명!

원어민MP3 제공! 한글 발음 병기!

1일 4쪽(4단계), 28일 완성!

(저는) 과거에 영어강사를 했었고, 초등 저학년부터 성인까지 두루 영어를 가르친 경험이 있습니다. 서점에는 책들이 엄청 넘쳐나는데 성인기초학습자에게 괜찮은 책이 마땅치 않다는 것이었습니다. 정말 이런 게 필요했거든요. 여러 수업을 책 한 권에 녹여놓았다 해도 과언이 아니네요. -growi**

책 주문하고 3주만에 책 끝까지 봤습니다. 물론 완벽하진 않지만 처음으로 끝까지 끝낸 책이네요. 영어공부 출발에 도움 주셔서 감사드립니다.
- neont**

따라 말하기

음원 듣기

26

bid bade bidden

bíd비드 béid베이드 bídn비든
입찰하다 입찰했다 입찰되어진

bid bade bidden

27

blow blew blown

blóu블로우 blú:블루 blóun블로운
불다 불었다 불어진

blow blew blown

28

draw drew drawn

drɔ́:드뤄 drú:드루 drɔ́:n드뤈
끌다/그리다 끌었다/그렸다 끌려진/그려진

draw drew drawn

29

drive drove driven

dráiv드롸이브 dróuv드로우브 drívn드뤄븐
운전하다 운전했다 운전되어진

drive drove driven

eat   ate   eaten

íːt이잍(트)   éɪt에잍(트)   íːtn이이튼
먹다   먹었다   먹혀진

eat ate eaten

fall   fell   fallen

fɔ́ːl펄   fél펠   fɔ́ːlən펄른
떨어지다   떨어졌다   떨어졌던

fall fell fallen

forbid   forbade   forbidden

fərbíd폴비드   fərbéɪd폴베이드   fərbídn폴비든
금지하다   금지했다   금지되어진

forbid forbade forbidden

forgive   forgave   forgiven

fərgív폴기브   fərgéɪv폴게이브   fərgívn폴기븐
용서하다   용서했다   용서되어진

forgive forgave forgiven

give gave given

gív기브   géɪv게이브   gívn기븐
주다   주었다   주어진

give gave given

go went gone

góʊ고우   wént웬트   gɔ́n건
가다   갔다   간

go went gone

grow grew grown

gróʊ그로우   grú그루   gróʊn그로운
자라다   자랐다   자란

grow grew grown

know knew known

nóʊ노우   nú:누   nóʊn노운
알다   알았다   알려진

know knew known

38

ride rode ridden
ráɪd롸이드 róʊd로우드 rídn뤼든
(탈것을)타다 탔다 타진

ride rode ridden

39

rise rose risen
ráɪz롸이즈 róʊz로우즈 rízn뤼즌
솟아오르다 솟아올랐다 솟아올랐던

rise rose risen

40

sew sewed sewed/sewn
sóʊ쏘우 sóʊd쏘우드 sóʊd쏘우드 sóʊn쏘운
꿰매다 꿰맸다 꿰매어진

sew sewed sewed/sewn

41

shake shook shaken
ʃéɪk쉐이크 ʃʊ́k슉(ㅋ) ʃéɪkən쉐이큰
흔들다 흔들었다 흔들려진

shake shook shaken

show showed shown

ʃóu쇼우　ʃóud쇼우ㄷ　ʃóun쇼운

보여 주다　보여 주었다　보여진

show showed shown

take took taken

téik테잌(ㅋ)　túk툭(ㅋ)　téikən테이큰

가져가다　가져갔다　가져가진

take took taken

throw threw thrown

θróu뜨로우　θrú:뜨루　θróun뜨로운

던지다　던졌다　던져진

throw threw thrown

write wrote written

ráit롸이ㅌ　róut로우ㅌ　rítn뤼튼

(글씨) 쓰다　(글씨) 썼다　(글씨가) 쓰여진

write wrote written

46

bear   bore   born/borne
béər베얼   bɔ́ːr보얼   bɔ́ːrn본온
낳다   낳았다   낳아진

bear bore born/borne

47

beat   beat   beaten
bíːt비일(트)   bíːt비일(트)   bíːtn비일튼
치다   쳤다   쳐진

beat beat beaten

48

bite   bit   bitten
báɪt바이트   bít빝(트)   bítn비튼
물다   물었다   물려진

bite bit bitten

49

break   broke   broken
bréɪk브뤠이크   bróuk브로우크   bróukn브로우큰
부수다   부쉈다   부서진

break broke broken

50

choose　chose　chosen

tʃúːz 츄즈　　tʃóuz 쵸우스　　tʃóuzən 쵸우즌

고르다　　골랐다　　골라진

choose chose chosen

51

forget　forgot　forgot/forgotten

fərgét 폴겔(ㅌ)　fərgát 폴갇(ㅌ)　fərgát 폴갇　fərgátn 폴가튼

잊다　　잊었다　　잊혀진

forget forgot forgot(ten)

52

freeze　froze　frozen

fríːz 프뤼이즈　fróuz 프로우스　fróuzən 프로우즌

얼리다　　얼렸다　　얼려진

freeze froze frozen

53

get　got　got/gotten

gét 겔(ㅌ)　gát 갇(ㅌ)　gát 갇(ㅌ)　gátn 가튼

생기다　　생겼다　　생겨진

get got got/gotten

hide hid hidden 54
háɪd하이드 híd히드 hídn히든
숨기다 숨겼다 숨겨진

hide hid hidden

lie lay lain 55
láɪ라이 léɪ레이 léɪn레인
눕다 누웠다 누웠던

lie lay lain

speak spoke spoken 56
spíːk 스피잌(ㅋ) spóuk 스포욱(ㅋ) spóukən 스포우큰
말하다 말했다 말해진

speak spoke spoken

steal stole stolen 57
stíːl 스티일 stóul 스토울 stóulən 스토울른
훔치다 훔쳤다 훔쳐진

steal stole stolen

swear　swore　sworn

swéɾ스웨얼　　swɔ́:r스월　　swɔ́:rn스월언
맹세하다　　맹세했다　　맹세되어진

swear swore sworn

tear　tore　torn

téɾ테얼　　tɔ́:r토얼　　tɔ́:rn톨온
찢다　　찢었다　　찢어진

tear tore torn

wake　woke　woken

wéɪk웨잌(크)　wóʊk워욱(크)　wóʊkn워우큰
(잠을) 깨우다　　깨웠다　　깨워진

wake woke woken

wear　wore　worn

wéɾ웨얼　　wɔ́:r월　　wɔ́:rn월언
입다　　입었다　　입혀진

wear wore worn

⑤ A B A 변화

현재 과거 과거분사
한다 했다 ~되어진

따라 말하기

음원 듣기

62

become — bɪkʌ́m 비컴 — 되다
became — bɪkéɪm 비케임 — 되었다
become — bɪkʌ́m 비컴 — 되었던

become became become

63

come — kʌ́m 컴 — 오다
came — kéɪm 케임 — 왔다
come — kʌ́m 컴 — 왔던

come came come

64

run — rʌ́n 뤈 — 달리다
ran — rǽn 랜 — 달렸다
run — rʌ́n 뤈 — 달렸던

run ran run

---

⑥ A B B 1 자음, 모음 변화

현재　과거　과거분사
한다　했다　~되어진

65

bring　brought　brought
bríŋ 브링　　brɔ́:t 브뤌　　brɔ́:t 브뤌
가져오다　　가져왔다　　가져와진

bring brought brought

66

buy　bought　bought
báɪ 바이　　bɔ́:t 벌(ㅌ)　　bɔ́:t 벌(ㅌ)
사다　　샀다　　사진

buy bought bought

67

catch　caught　caught
kǽtʃ 캐취　　kɔ́:t 컬(ㅌ)　　kɔ́:t 컬(ㅌ)
붙잡다　　붙잡았다　　붙잡혀진

catch caught caught

68

fight　fought　fought
fáɪt 파이트　　fɔ́:t 펄(ㅌ)　　fɔ́:t 펄(ㅌ)
싸우다　　싸웠다　　싸워진

fight fought fought

69

seek sought sought

síːk 씨이ㅋ　　só:t 썰(ㅌ)　　só:t 썰(ㅌ)
찾다　　　　찾았다　　　찾아진

seek sought sought

70

teach taught taught

tíːʧ 티이취　　tɔ́:t 털(ㅌ)　　tɔ́:t 털(ㅌ)
가르치다　　　가르쳤다　　　가르쳐진

teach taught taught

71

think thought thought

θíŋk 띵ㅋ　　θɔ́:t 떨(ㅌ)　　θɔ́:t 떨(ㅌ)
생각하다　　　생각했다　　　생각되어진

think thought thought

72

creep crept crept

kríːp 크뤼잎(ㅍ)　　krépt 크렙ㅌ　　krépt 크렙ㅌ
기다　　　　기었다　　　기어 갔던

creep crept crept

73

feel felt felt

fíːl 피일　félt 펠트　félt 펠트

느끼다　느꼈다　느껴진

feel felt felt

74

keep kept kept

kíːp 키잎　képt 켑트　képt 켑트

유지하다　유지했다　유지되어진

keep kept kept

75

kneel knelt/kneeled knelt/kneeled

níːl 니일　nélt 넬트　níld 니일드　nélt 넬트　níld 니일드

무릎 꿇다　무릎 꿇었다　무릎 꿇었던

kneel knelt/kneeled knelt/kneeled

76

sleep slept slept

slíːp 슬리잎　slépt 슬렙트　slépt 슬렙트

자다　잤다　잤던

sleep slept slept

sweep swept swept

swíːp ㅅ위잎(ㅍ) swépt ㅅ웹ㅌ swépt ㅅ웹ㅌ
쓸다 쓸었다 쓸어진

sweep swept swept

weep wept wept

wíːp 위잎(ㅍ) wépt 웹ㅌ wépt 웹ㅌ
(흐느껴) 울다 울었다 울었던

weep wept wept

leave left left

líːv 리이브 léft 레프트 léft 레프트
(남기고) 떠나다 떠났다 남겨진

leave left left

lose lost lost

lúːz 루즈 lɔ́st 러스트 lɔ́st 러스트
잃다/지다 잃었다/졌다 잃어버린/진

lose lost lost

sell sold sold

sél쎌   sóuld쏘울ㄷ   sóuld쏘울ㄷ
팔다   팔았다   팔려진

sell sold sold

tell told told

tél텔   tóuld토울ㄷ   tóuld토울ㄷ
말하다   말했다   말해진

tell told told

유레카 팝송 영어회화 200

MBC 설문조사로 뽑은 한국인이 가장 좋아하는 팝송 200곡!
즐기면서 익히는 영어회화+듣기+쓰기+발음+문법+어휘 2500개!

유튜브 저자 직강(rb.gy/ttuwi), 카카오톡 지원(rb.gy/2ettr)!
단락별 시간 표기, 1.5배 큰 글씨, 영한대역 구성, 한글발음 병기.

빌리 조엘 피아노맨도 있네요...메이킨 러ㅂ 투 히ㅈ 터닉갠 줸ㅋㅋㅋㅋ 첨엔 이게 뭐야!!ㅋㅋㅋ이랬거든요. ㅋㅋㅋ 근데 이대로 따라 불러보면 팝송이 술술 불러진답니다! 한글로 영어가사 발음을 정말 리얼하게 잡아냈더라고요. - cheche_**

팝송을 좋아하는 학습자들에게 충분한 소장가치를 준다...패턴을 보고 난 후에 회화연습에 들어가니 신기하게도 모든 문장들에 담긴 패턴이 한 눈에 보인다. - kijeongk**

  ABC AAA ABAn ABBn ABA **ABB1** ABB2 ABB3

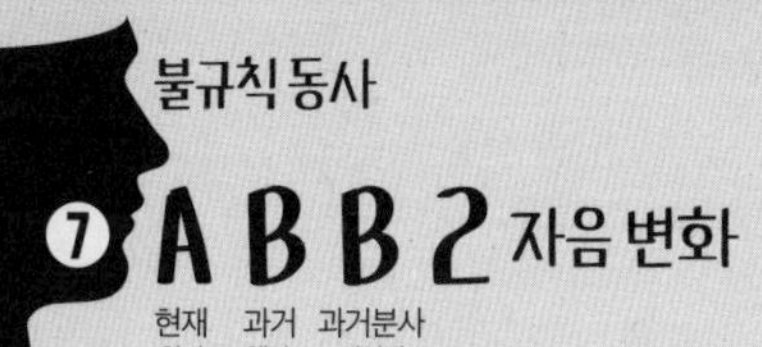

83

bend **bent** **bent**

bénd 벤드   bént 벤트   bént 벤트

구부리다   구부렸다   구부려진

bend bent bent

84

build **built** **built**

bíld 빌드   bílt 빌트   bílt 빌트

짓다   지었다   지어진

build built built

85

burn **burnt/burned** **burnt/burned**

bə́rn 벌언   bə́rnt 벌언트   bə́rnd 벌언드   bə́rnt 벌언트   bə́rnd 벌언드

태우다   태웠다   태워진

burn burnt/burned burnt/burned

86

deal **dealt/dealed** **dealt/dealed**

díːl 딜   délt 델트   díld 딜드   délt 델트   díld 딜드

다루다   다뤘다   다뤄진

deal dealt/dealed dealt/dealed

87

mean **meant** **meant**
míːn 미인 mént 멘트 mént 멘트
의미하다 의미했다 의미되어진

mean meant meant

88

send **sent** **sent**
sénd 쎈드 sént 쎈트 sént 쎈트
보내다 보냈다 보내진

send sent sent

89

spend **spent** **spent**
spénd 스펜드 spént 스펜트 spént 스펜트
소비하다 소비했다 소비되어진

spend spent spent

90

have/has **had** **had**
hǽv 해브 hǽz 해즈 hǽd 해드 hǽd 해드
가지다 가졌다 가져진

have/has had had

91

hear　heard　heard
híər히얼　　hə́rd헐ㄷ　　hə́rd헐ㄷ
듣다　　　들었다　　　들려진

hear heard heard

92

lay　laid　laid
léi레이　léid레이드　léid레이드
눕히다　눕혔다　　눕혀진

lay laid laid

93

pay　paid　paid
péi페이　péid페이드　péid페이드
지불하다　지불했다　지불되어진

pay paid paid

94

say　said　said
séi쎄이　séd쎈(ㄷ)　séd쎈(ㄷ)
말하다　　말했다　　말해진

say said said

make   **made**   **made**
méɪk 메이ㅋ   méɪd 메이ㄷ   méɪd 메이ㄷ
만들다   만들었다   만들어진

make made made

중학영어 독해비급

중학교 교과서 13종에서 엄선한 문장의 문법별 구문독해!

Mike Hwang의 4배 빠른 독해 비법!

수학 공식처럼 누구나 쉽고 깔끔하게 해석 가능!

무료 유튜브 영상 강의 포함!

자매품 <중학영어 작문비급>

끝까지 읽는다면 책값의 100배 이상의 효과가 있음을 저자는 확신하고 있는데요, 먼저 책을 본 저도 확신이 들었습니다…저도 중학영어 독해비급으로 공부해 봤는데, 너무 재미있었습니다. 요런 책으로 가르치면 진짜 재미있겠다는 생각도 들었고요. - gnyju**

시중에 나와있는 영어책들은 이미 우리 말 문장으로 해석을 해놓았는데 이 책은 직독직해를 알려주더라고요. 영어 그 자체를 이해할 수 있도록 도와주는 책이에요. - garden54**

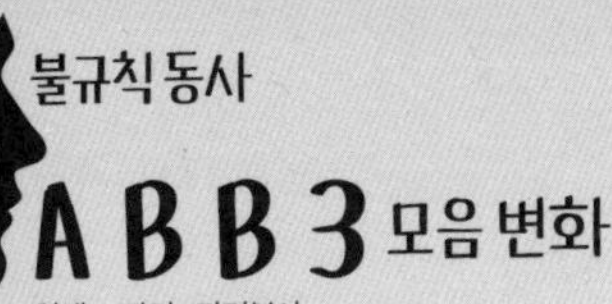

⑧ A B B 3 모음 변화

현재 과거 과거분사
한다 했다 ~되어진

따라 말하기

음원 듣기

96

bind bound bound
báind바인드 báund바운드 báund바운드
묶다 묶었다 묶여진

bind bound bound

97

find found found
fáind파인드 fáund파운드 fáund파운드
찾다 찾았다 찾아진

find found found

98

dig dug dug
díg디ㄱ dʌ́g더ㄱ dʌ́g더ㄱ
파다 팠다 파진

dig dug dug

99

hang hung hung
hǽŋ행 hʌ́ŋ헝 hʌ́ŋ헝
걸다 걸었다 걸려진

hang hung hung

100

stick **stuck** **stuck**
stík 스틱   stʌ́k 스턱   stʌ́k 스턱
붙다   붙었다   붙여진

stick stuck stuck

101

sting **stung** **stung**
stíŋ 스팅   stʌ́ŋ 스텅   stʌ́ŋ 스텅
찌르다   찔렀다   찔려진

sting stung stung

102

strike **struck** **struck**
stráɪk 스트롸이크   strʌ́k 스트뤅   strʌ́k 스트뤅
치다   쳤다   쳐진

strike struck struck

103

swing **swung** **swung**
swíŋ 스윙   swʌ́ŋ 스웡   swʌ́ŋ 스웡
흔들리다   흔들렸다   흔들려진

swing swung swung

 ABC AAA ABAn ABBn ABA ABB1 ABB2 **ABB3**

104

win won won

wín원 wʌ́n원 wʌ́n원
이기다 이겼다 이겨진

win won won

105

feed fed fed

fíːd피이드 féd페드 féd페드
먹이다 먹였다 먹여진

feed fed fed

106

hold held held

hóuld호울드 héld헬드 héld헬드
잡고 있다 잡고 있었다 잡혀진

hold held held

107

lead led led

líːd리이드 léd레드 léd레드
이끌다 이끌었다 이끌어진

lead led led

meet met met
míːt 미잍(ㅌ)　mét 멭(ㅌ)　mét 멭(ㅌ)
만나다　만났다　만나진

meet met met

read read read
ríːd 뤼이드　réd 뤠드　réd 뤠드
읽다　읽었다　읽혀진

read read read

shine shone shone
ʃáin 샤인　ʃóun 쇼운　ʃóun 쇼운
빛나다　빛났다　빛났던

shine shone shone

shoot shot shot
ʃúːt 슡(ㅌ)　ʃát 샽(ㅌ)　ʃát 샽(ㅌ)
쏘다　쐈다　쏴진

shoot shot shot

sit sat sat

sít 씰(ㅌ)　sǽt 쎌(ㅌ)　sǽt 쎌(ㅌ)
앉다　앉았다　앉았던

sit sat sat

slide slid slid

sláɪd 슬라이드　slíd 슬리드　slíd 슬리드
미끄러지다　미끄러졌다　미끄러진

slide slid slid

spit　spit/spat　spit/spat

spít ㅅ필　spít ㅅ필 spǽt ㅅ팯　spít ㅅ필 spǽt ㅅ팯
(침) 뱉다　뱉었다　뱉어진

spit spit/spat spit/spat

stand stood stood

stǽnd ㅅ탠드　stúd ㅅ투드　stúd ㅅ투드
일어서다　일어섰다　일어섰던

stand stood stood

ABC AAA ABAn ABBn ABA ABB1 ABB2 **ABB3** 31

am, is

are

do, does

fly

see

begin

drink

ring

shrink

sing

sink

swim

② **A A A** 변화

bet

broadcast

burst

cost

cut

fit

hit

hurt

let

put

quit

set

shut

③ A B An 변화

bid

blow

draw

drive

eat

fall

forbid

forgive

give

go

grow

know

ride

rise

sew

shake

show

take

throw

write

④ A B Bn 변화

bear

beat

bite

break

choose

forget

freeze

get

hide

lie

speak

steal

swear

tear

wake

wear

⑤ ABA 변화

become

come

run

배송비 절약문고 시리즈

배송비 아끼려고 시험삼아 샀다가,
가격에 반하고, 충실한 내용에 반하고, 예쁜 디자인에 반하는!

1. 스티브잡스 연설문 영어 쉐도잉 +오 헨리 20년 후 단편소설 **상급**
스티브 잡스의 스탠포드 연설문 전문 수록. 영어 쉐도잉으로 말하기+듣기 실력 일취월장!

2. 생활영어 문법패턴 +장소별 여행영어 519 **중급**
생활영어 3500 문장에서 선별한 265문장 + 여행영어 254 문장

3. 마이크 선생의 4시간 유튜브 왕초보 영어 문법 **초급**
<단단 기초 영어공부 혼자하기>에서 '영어문법' 부분만 발췌해서 담았다.

4. 알파벳 따라쓰기 572 점선 따라쓰기 +대표 발음기호 **왕초보**
알파벳당 11회씩 대/소문자 총 572회를 쓰고 말하면 알파벳이 술술 익혀진다!

5. 초등영어 파닉스 119 점선 따라쓰기 **왕초보**
알파벳 26개의 대표 소리 30개를 익힌다!

6. 빈도순 초등영어 단어 112 +빈도순 초등 영어단어 800개 **왕초보**
교육부 선정 초등영어 단어 800개 중에서 가장 많이 쓰는 단어를 '빈도순'으로 112개!

7. 30분에 끝내는 영어 필기체 +공부명언 필기체 30 **중급**
종종 보이는 필기체 나만 못 읽나? +공부명언 30개로 공부 의욕 뿜뿜!

8. 팝송 영어공부 (배송비 절약문고 세트 전용 상품) **중급**
<유레카 팝송 영어회화 200>을 위한 추가곡 3곡!

9. 영어 공부법 MBTI +수준별 영어책 추천 **초급**
수준을 알기 위한 영어 심리테스트 19문제, 영어 공부법과 마이클리시 책 37종 소개.

10. 엄마표 영어 흘려듣기 절대로 하지 마라! **초급**
하루 15분 집에서 영어를 끝내는 비결! 2,000원으로 사는 2,000만원 노하우!

11. 약어 현대영어 약어사전 530 **중급**
현대 영어에서 가장 많이 쓰는 영어 약어 530개!

12. 용 영어문법 용어사전 300 **초급**
가장 많이 쓰는 문법 용어 300개! 가나다 순서로 담아 쉽게 설명했다!

❻ A B B 1 자음, 모음 변화

bring

buy

catch

fight

seek

teach

think

creep

feel

keep

kneel

sleep

sweep

weep

leave

lose

sell

tell

⑦ A B B 2 자음 변화

bend

build

burn

deal

mean

send

spend

have, has

hear

lay

pay

say

make

⑧ A B B 3 자음, 모음 변화

bind

find

dig

hang

stick

sting

strike

swing

win

feed

hold

lead

meet

read

shine

shoot

sit

slide

spit

stand

understand

 ABC AAA ABAn ABBn ABA ABB1 ABB2 **ABB3**

매일 영단어 카톡

매일 영어 단어 8~10개를 드립니다.
음악을 순서대로 반복해서 들으면 무음 구간에서 다음 곡이 떠오르는 음악 연상 암기 기법을 단어 암기에 적용했습니다.

실시간 질문/답변도 가능합니다. 어서 들어오세요!

마이클리시 영어공부 단톡방 주소
bit.ly/miklish